Cycle des apprentissages fondamentaux

Les 7 clés

POUR LIRE ET POUR ECRIRE

Jean-Claude LANDIER
Instituteur

Michelle VARIER
Inspectrice de l'Éducation nationale

CE 1

Les illustrations sont de :

***Cathy MULLER** pour le conte,*
***François DIMBERTON** pour le récit,*
***Yves BESNIER** pour la poésie, les pages d'ouverture et la couverture,*
***Lionel GASPÉRI** pour le théâtre.*

HATIER

Présentation

Les compétences que doivent acquérir les élèves à la fin du cycle des apprentissages fondamentaux (cycle II) obligent à aller au-delà de l'apprentissage et de la consolidation des acquis de la lecture et de l'écriture tels qu'ils étaient habituellement définis et pratiqués.

Il faut en effet que chaque enfant puisse lire, comprendre, utiliser et rédiger des écrits de nature, de présentation et de fonction différentes.

En ce sens, les *7 clés* apportent la diversité des textes souhaitée et adaptée à des lecteurs et producteurs de textes débutants.

POURQUOI 7 CLÉS ?

On ne lit pas de la même manière un récit, un emploi du temps, un article de magazine, un texte dialogué, etc.

On ne rédige pas non plus de façon semblable un résumé, une poésie, un slogan publicitaire, la fin d'un conte, etc.

Nous avons donc choisi dans cet ouvrage, de réunir en 7 clés, sept types de lectures différentes (le conte, les documents fonctionnels, le récit, la lecture mêlant texte et image, la poésie, le théâtre et les exercices pour s'entraîner) et d'y associer les travaux d'expression écrite qui leur correspondent. Ainsi la partie « écriture » est systématiquement abordée dans la rubrique « À toi de jouer » reprise dans chacune de ces clés.

7 clés **propose pour la lecture :**

- des textes proches des enfants, de natures différentes pour qu'un lecteur débutant puisse adapter ses stratégies de lecture, selon les supports et à chaque situation nouvelle ;
- un appareil pédagogique qui vérifie la compréhension et permet d'aller vers une lecture personnelle ;
- un choix de bons textes qui allient la poésie, la fiction et l'humour à l'information et à la documentation sur les thèmes qui leur sont familiers.

7 clés **propose des activités d'écriture :**

- qui imposent une adaptation à des situations de communication diversifiées ;
- qui sont une aide à la structuration et à la rédaction des textes ;
- qui stimulent et motivent les élèves parce qu'elles font appel à l'imaginaire et à la créativité.

7 clés **propose une cassette,** illustration musicale des pages d'ouvertures de séquences, où poèmes et chansons rythment les saisons.

COMMENT UTILISER **LES 7 CLÉS** ?

Le manuel

Les **unités de travail** sont organisées en cinq séquences de deux mois, selon une progression pédagogique présentée page 8.

Vous avez plusieurs possibilités d'utilisation. Nous en avons retenu deux :

- Suivre dans l'ordre, les séquences et leurs chapitres. Vous irez ainsi de septembre à juin au rythme des saisons, des dictons et des chansons.
- Étudier d'une traite une clé complète au travers des différentes séquences. En ce cas, il conviendra de respecter l'ordre qui est proposé.

Un tableau met en correspondance les activités et les compétences de fin de cycle et vous permet, à tout moment, de contrôler votre progression (voir page 8).

La cassette

L'enregistrement des poèmes et chansons des pages d'ouverture des séquences (deux mois) est signalé sur le manuel, par ce pictogramme

La cassette est une véritable incitation à lire, à dire et à chanter ; la reprise du play-back (accompagnement musical seul) des chansons en face 2 peut être utilisée à cet effet.

LE CONTENU DES 7 CLÉS

Il est important de préciser que les activités proposées peuvent être traitées individuellement ou collectivement, par oral ou par écrit.

Le conte

Des questions vérifient la compréhension du texte.
Des exercices aident à la structuration, préparent au résumé et introduisent des activités d'écriture en cohérence avec les textes étudiés.

Documents fonctionnels

Il s'agit d'observer et d'utiliser des documents divers pour réaliser, s'organiser, s'informer ou choisir. On demande ensuite aux enfants de produire des documents similaires.

Le récit

Les séquences sont organisées sur le même modèle que le conte. Des techniques d'écriture sont abordées à partir des caractéristiques des textes proposés : dialogue, construction de personnages...

Images et textes

On analyse les diverses relations qui existent entre le texte et l'image à travers la spécificité de documents tels que bande dessinée, publicité, affiche.

La poésie

À partir de comptines et de poèmes, et après une observation guidée par quelques questions, l'enfant est invité à créer lui-même. Il découvre ainsi un domaine d'expression très riche, où la liberté sait jouer avec les contraintes.

Théâtre

Dans ces séquences, la lecture à haute voix trouve sa pleine justification. La vérification de la compréhension du texte est suivie par des suggestions de mise en jeu ainsi que des propositions de thèmes d'improvisation. Les « entrées de clowns » permettent aux enfants de retrouver avec intérêt des personnages familiers et amusants dans des situations variées.

L'entraînement

Cette clé permet de consolider, par des exercices systématiques et des jeux, les premiers apprentissages : de la correspondance phonie/graphie à la construction puis la rédaction de courts textes très structurés.

Sommaire

Pages		*Activités pédagogiques*

Progression des activités pédagogiques...

Clés / Séquences	Conte	Documents fonctionnels	Récit
1. SEPTEMBRE OCTOBRE	Découvrir la structure du conte. Transformer la fin d'un conte.	Lire et écrire pour faire.	Lire un récit humoristique. Décrire d'une façon drôle ; caractériser.
2. NOVEMBRE DÉCEMBRE	Découvrir la structure répétitive. Construire un épisode.	Lire et écrire pour s'organiser.	Lire un récit poétique à la 1re personne. Construire un paragraphe.
3. JANVIER FÉVRIER	Découvrir la structure chronologique. Rédiger une fin parmi plusieurs fins possibles.	Lire pour s'informer. Écrire pour informer.	Lire un récit fantastique. Rédiger un dialogue.
4. MARS AVRIL	Découvrir un procédé d'écriture. Écrire une fin en cohérence avec ce procédé.	Lire pour retenir l'essentiel d'une information et l'organiser dans un tableau.	Lire un récit à caractère psychologique. Vers le portrait : construire des personnages.
5. MAI JUIN	Découvrir la structure d'un conte à randonnée (construit « en boucle »). Écrire un conte sur ce modèle.	Lire pour choisir. Organiser des informations pour faciliter un choix.	Lire un récit fantastique. Choisir des mots, des images pour décrire un personnage inquiétant.

... pour exercer et acquérir les compétences de fin

Compétences requises en lecture, en terme de savoir-faire *(Loi d'orientation, 10 juillet 1989)*	***Dans Les 7 clés pour lire et pour écrire CE1***
« Lire c'est comprendre... la maîtrise de la combinatoire... est nécessaire... mais elle n'a de valeur qu'associée à la compréhension de l'idée exprimée, à la perception de la structure de la phrase, à l'intelligence du sens des mots » (Programmes et instructions de 1985). L'enfant, à l'issue de ce cycle peut :	
• résumer sommairement un texte lu ;	pages • 15 • 47 • 77.
• donner après lecture des renseignements ponctuels sur le texte ; • identifier les personnages d'un récit et les retrouver quels que soient les procédés utilisés pour les désigner (noms, pronoms, surnoms, périphrases...) ;	pages • 13, 14, 17, 18, 21, 23, 25, 31, 33, 34, • 43, 45, 46, 49, 51, 54, 55, 62, 65, • 74, 76, 79, 81, 83, 85, 90, 92, • 103, 106, 111, 114, 116, 121, 124, 127. • 137, 141, 144, 153, 155.
• repérer des indices morpho-syntaxiques (les accents, l'apostrophe, la ponctuation, les usages typographiques courants : majuscules, titres, paragraphes, table des matières...) ;	pages • 21, 25, 27, 29, 34, 36, 37, 38, 39, • 53, 54, 55, 57, 59, 66, 67, 68, 69, • 79, 81, 86, 94, 95, 96, 97, • 106, 107, 114, 121, 128, 129, 130, 131, • 149, 156, 157, 158, 159.
• lire oralement en articulant correctement, avec justesse quant à l'intonation et en comprenant le sens de ce qui est lu, un texte narratif, informatif, ou poétique déjà lu auparavant ; • déchiffrer des mots inconnus, (respect « du rapport des signes écrits aux sons qui leur correspondent » - Programmes et instructions de 1985) ;	tous les types de textes.
• utiliser une bibliothèque, repérer et identifier les ouvrages de la bibliothèque, du centre de documentation.	

Images et textes	*Poésie*	*Théâtre*	*Entraînement*
Analyser les relations spécifiques entre le texte et les images dans la bande dessinée.	Jouer avec les sons et les rimes.	Préparer la lecture des textes dramatiques en repérant les divers éléments de codage.	Réviser les sons. Réviser les relations phonies/graphies.
Établir des relations nouvelles et imaginaires entre une image, un produit et des slogans pour faire vendre.	Jouer avec les rythmes.	Analyser une situation comique où l'on sait ce qui va arriver.	Réviser les sons et l'ordre alphabétique. Découvrir la polysémie des mots.
Établir des relations entre un texte et une image pour informer. Créer une affiche.	Jouer avec les dessins des mots.	Analyser une situation comique liée au langage et aux situations clownesques.	Reconstituer, repérer et identifier les phrases. Rédiger différents types de phrases.
Montrer comment l'image peut accompagner, mettre en valeur ou expliquer un texte.	Jouer avec les mots, les transformer, les découper.	Analyser une situation comique liée à l'opposition entre ce qui se fait et ce qui se dit.	Retrouver les mots par leur contexte. Organiser et rédiger de courts textes.
Mettre en relation des tableaux et des textes.	Choisir les mots, les images, pour décrire d'une façon poétique.	Analyser une situation comique due à la chute finale.	Lire un texte en dépit des difficultés liées à sa disposition. Écrire pour jouer avec les mots.

du cycle des apprentissages fondamentaux.

Compétences requises en expression écrite, en terme de savoir-faire *(Loi d'orientation, 10 juillet 1989)*	***Dans*** **Les 7 clés pour lire et pour écrire CE1**
L'élève doit pouvoir :	
• écrire un texte bref de quelques lignes répondant à des consignes claires :	
- court récit,	pages • 23 • 47, 53 • 79, 83 • 117 • 137, 145, 147.
- résumé d'un texte,	pages • 47 • 77.
- suite d'une histoire,	pages • 14 • 47, 53 • 77, 83 • 107.
- légende d'un dessin,	
- bulle d'une bande dessinée,	pages • 25 • 55.
- lettre,	
- texte prescriptif : règles de jeux, règles de vie, modes d'emploi.	pages • 19 • 49 • 139.
• tenir compte des contraintes propres à chaque type d'écrits	
- présentation (lisibilité, ponctuation...),	
- vocabulaire adéquat,	
- syntaxe (emploi de pronoms, de mots de liaison, du mode des verbes...).	

SEPTEMBRE

Un petit bonhomme
Assis sur une pomme.
La pomme dégringole,
Le petit bonhomme s'envole
Sur le toit de l'école.

Automne

Il pleut
Des feuilles jaunes
Il pleut
Des feuilles rouges.
L'été
Va s'endormir
Et l'hiver
Va venir
Sur la pointe
De ses souliers
Gelés.

<u>**Anne-Marie Chapouton**</u>,
Poèmes petits,
Éd. de l'École.

Colchiques

1. Colchiques dans les prés fleurissent,
fleurissent,
Colchiques dans les prés :
c'est la fin de l'été.

Refrain

La feuille d'automne emportée
par le vent
En ronde monotone tombe
en tourbillonnant.

2. Châtaignes dans les bois se fendent,
se fendent,
Châtaignes dans les bois se fendent
sous les pas.

Refrain

3. Nuages dans le ciel s'étirent,
s'étirent,
Nuages dans le ciel s'étirent
comme une aile.

Refrain

4. Et ce chant dans mon cœur murmure,
murmure,
Et ce chant dans mon cœur
appelle le bonheur.

En septembre,
pluie fine est bonne pour la vigne.

En octobre,
si tu veux moissonner, c'est l'heure de semer.

Y'a une pie

Y'a une pie dans l'poirier,
J'entends la pie qui chante.
Y'a une pie dans l'poirier,
J'entends la pie chanter.
J'entends, j'entends,
J'entends la pie qui chante,
J'entends, j'entends,
J'entends la pie chanter.

Allons en vendanges

Sur la route de Châtillon } *(bis)*
Et allons en vendanges, }
S'en revenaient trois fiers lurons

Refrain

Grapille faucille,
Tortille broquille,
Marchant de cheville,
S'moquant d'la famille,
Embrassant la fille,
La bell'mère et le vieux,
Par derrièr' la maison,
Et allons en vendanges
Les raisins sont bons.

L'automne au coin du bois,
Joue de l'harmonica.

Maurice Carême,
extrait de « *L'automne* »,
Fondation Maurice Carême.

OCTOBRE

Aïe et ouille

Ce conte vient d'Afrique.

Lire

réals : nom donné à des pièces de monnaie d'autrefois.

Il était une fois un homme très riche mais très avare.

Chaque fois qu'il engageait un serviteur, il lui promettait deux cents réals par mois, mais à la fin du mois, quand il fallait le payer, l'homme riche l'appelait et lui disait :

— Va au marché et achète-moi un peu d'aïe et d'ouille. Si tu ne m'en rapportes pas, tu ne seras pas payé.

Mais aucun de ses serviteurs ne savait ce qu'était de l'aïe ou de l'ouille et où on pouvait en acheter et aucun d'eux n'eut ses deux cents réals.

Un jour, un jeune homme intelligent entra au service de l'homme riche et il se dit : « Je vais lui montrer ce que c'est que son aïe et son ouille et il s'en souviendra jusqu'à la fin de ses jours. »

Il fit son travail tout le mois et lorsque l'homme riche l'envoya au marché pour de l'aïe et de l'ouille, il lui dit :

— D'accord, Monsieur, mais vous devez d'abord me donner cent réals, l'aïe et l'ouille ont augmenté.

L'homme riche lui donna cent réals, en pensant que de toute façon il ne rapporterait rien.

(suite page 14)

Comprendre

1. L'homme riche a un défaut ; lequel ?
2. Que doivent rapporter les serviteurs à l'homme riche pour être payés ?
3. Que décide le jeune homme intelligent ?
4. Combien de réals le serviteur demande-t-il à l'homme riche ?
5. Pourquoi le jeune homme intelligent réclame-t-il déjà de l'argent à l'homme riche ?

Lire

une jarre : un grand vase en terre cuite.

Prenant deux jarres, le garçon mit dans l'une un grand mille-pattes et dans l'autre un scorpion et il revint à la maison.

— Qu'as-tu rapporté ? demanda l'homme riche.

— Voici l'aïe, dit le garçon en lui montrant la jarre au mille-pattes.

— Tu veux dire que ceci est de l'aïe ?

— Mettez votre doigt dedans et vous verrez, répondit l'autre.

L'homme riche mit son doigt dans la jarre et le mille-pattes le mordit un bon coup.

— Aïe ! cria l'homme.

— Tenez, vous voyez ? dit le garçon en riant, et ici dans cette autre jarre il y a de l'ouille.

— Très bien, très bien, voici tes deux cents réals et va au diable ! grogna l'homme riche en donnant l'argent au garçon. Mais il ne mit pas son doigt dans l'autre jarre.

va au diable : sauve-toi ; je ne veux plus te voir.

D'après *Contes africains,*
Éd. Gründ.

Comprendre

1. Que met le serviteur intelligent dans les jarres ?

2. Qu'arrive-t-il quand l'homme riche met son doigt dans la première jarre ?

3. Que crie l'homme riche ?

4. Pourquoi ne met-il pas son doigt dans la deuxième jarre ?

5. La fin de ce conte est-elle juste à ton avis ? Essaie d'expliquer pourquoi.

À toi de jouer

Fais un résumé

Résumer une histoire, c'est la réécrire en plus court en ne gardant que ce qui est le plus important.

Remets ces phrases dans l'ordre, tu obtiendras un résumé du conte.

a. Il ne payait jamais ses serviteurs car ils ne lui rapportaient pas de l'aïe et de l'ouille.

b. Il était une fois, un homme très riche.

c. À la fin, en grognant, il donna l'argent qu'il devait au jeune homme.

d. Un jour, un jeune homme intelligent entra à son service.

e. Il dit à l'homme riche que les jarres contenaient de l'aïe et de l'ouille.

f. Ce jeune homme prit deux jarres. Dans l'une, il mit un mille-pattes, dans l'autre, un scorpion.

g. L'homme mit son doigt dans une jarre et se fit mordre.

Invente un autre conte

1. • Trouve d'abord deux objets ou deux animaux ou deux produits qu'il est désagréable ou dangereux de toucher.

• Ensuite, relis le résumé que tu as remis dans l'ordre dans l'exercice ci-dessus.

• Maintenant, utilise ce que tu as trouvé et change les phrases **f** et **g**.

2. Écris la fin de ton nouveau conte, en complétant ce texte :

« Prenant deux jarres, le garçon mit dans l'une ....
et dans l'autre .... et il revint à la maison.
— Voici l'aïe ! dit le garçon en lui montrant la jarre avec le .... Mettez votre doigt dedans et vous verrez.
L'homme riche .... »

Fiches pour se déguiser :

LE MAQUILLAGE DES CLOWNS

Lire et observer

★★★★★ L'AUGUSTE

C'est le clown maladroit ; il comprend tout de travers. Son maquillage est exagéré, surtout autour des yeux, du nez et de la bouche.

★★★ Quel matériel ?

- Des produits de maquillage : noir, blanc, rouge.
- Du fond de teint clair.
- Une balle de ping-pong.
- De la peinture rouge.
- Un fil élastique fin.

★★★ Comment faire ?

– Étale le fond de teint clair sur le visage.
– Mets du blanc où tu le souhaites (autour des yeux ou de la bouche).
– Mets du rouge sur la bouche et autour.
– Coupe et peins la balle de ping-pong en rouge.
– Attache-lui un élastique et emboîte-la sur le nez.
– Dessine des traits noirs pour entourer les surfaces blanches et rouges.
– Passe un peu de rouge sur les pommettes.

On peut maquiller l'Auguste de différentes façons.

★★★★★ LE CLOWN BLANC

Il est bien habillé, il parle bien et donne toujours des conseils. Son maquillage est simple et soigné.

★★★ Quel matériel ?

- Des produits de maquillage : noir, rouge.
- Du fond de teint blanc.
- Un pinceau.

★★★ Comment faire ?

– Passe du fond de teint blanc sur le visage.
– Mets du rouge sur les lèvres.
– Dessine un gros sourcil en noir.

Les clowns blancs sont souvent maquillés de la même façon.

Comprendre

L'Auguste

1. Quels sont les endroits importants qu'il faut maquiller ?
2. Que doit-on étaler en premier ?
3. Que faut-il faire pour qu'on voie bien les surfaces blanches et rouges ?

Le clown blanc

1. Si tu devais maquiller le clown blanc, comment dessinerais-tu sa bouche ?
2. Où mettrais-tu du rouge et du noir ?

Fiches pour se déguiser :

LE COSTUME DES CLOWNS

Lire et observer

★★★★★ L'AUGUSTE

★★★ Quel matériel ?

- Des vieux vêtements colorés de grandes personnes.
- Des bretelles.
- Un nœud papillon.
- Un chapeau.
- Des chaussures trop grandes.

★★★ Comment faire ?

– Essaie plusieurs vêtements.
– Choisis ceux qui te donnent l'air le plus drôle.

Pour cela :
– Trouve des couleurs qui ne vont pas ensemble.
– Cherche des détails amusants :

- des lacets de couleurs différentes,
- des bretelles mal accrochées,
- une veste mise à l'envers,
- un pantalon tenu par une ficelle.

Comprendre

L'Auguste

1. Quels vêtements peux-tu choisir pour habiller l'Auguste ?
2. Que peux-tu lui ajouter pour le rendre plus drôle ?

Le clown blanc

1. Que choisiras-tu pour habiller le clown blanc ?
2. Qu'ajouteras-tu pour le décorer ?

★★★★★ LE CLOWN BLANC

★★★ Quel matériel ?

- Un vieux pyjama ou un jogging, blanc de préférence.
- Du papier argenté ou de couleur.
- Du carton.
- Du papier crépon ou de la feutrine.
- De la colle.
- Une paire de ciseaux.

★★★ Comment faire ?

– Dessine des étoiles, des lunes, des notes de musique sur le papier argenté ou de couleur.
– Découpe-les.
– Fabrique un chapeau pointu en feutrine ou en carton décoré.
– Ajoute un col en feutrine ou en papier.
– Colle-les pour décorer le costume.

À toi de jouer

Écris une fiche pour se maquiller ou se costumer

- Choisis un de ces personnages : Indienne, Indien ou Corsaire.
- Fais une liste de tous les conseils que tu peux donner pour se maquiller ou se costumer comme ce modèle.
- Présente dans l'ordre, les choses qu'il faut faire.

Fais bien une phrase pour chaque conseil que tu donnes.
Reviens à la ligne à chaque phrase.
Noublie pas de placer le verbe au début.

Zoé zappe

Lire

Les parents de Zoé sont sortis.
Josie, une étudiante, garde Zoé.

Josie s'est installée sur la table du salon, livres et cahiers ouverts devant elle, les lunettes sur le bout du nez. La soirée s'annonce d'une gaieté folle.
— Josie, je peux regarder la télé ?
— Oui, mais pas longtemps et pas trop fort, je travaille.
Zoé lui fait sa grimace numéro 4, celle qui tire les yeux, retrousse le nez et tord la bouche. Très affreuse. Au hasard, elle appuie sur une des touches de la télécommande.
C'est une émission de grandes personnes, un débat sur la folie... Ils ont tous l'air de s'embêter.

un débat : une discussion.

Zoé essaie une autre chaîne. Un monsieur blond avec des épaules de déménageur embrasse une dame qui ressemble à tante Colette à cause de sa grosse poitrine et de sa bouche barbouillée de rouge à lèvres sauce tomate. Derrière eux il y a la mer, la lune et des palmiers. C'est long.

Zoé appuie sur une autre touche. Sous les applaudissements du public, le présentateur de l'émission « Le poids des mots », tout sourire, la bouche pleine de dents, offre 60 kilos de choucroute à une petite mémère frisottée.

À cause des dents du présentateur, Zoé change de programme.

(suite page 22)

des épaules de déménageur : des épaules très larges et très musclées.

Comprendre

1. Quel est le titre de cette histoire ? Que veut dire le verbe zapper ?
2. Zoé fait une grimace ; laquelle ? Pourquoi ?
3. Quelle est la première émission que voit Zoé ?
4. Comment s'appelle l'émission où on offre de la choucroute ?
5. Pourquoi Zoé zappe-t-elle encore ?

Lire

Toute sirène hurlante, une voiture de police sort d'un virage et vient s'écraser contre un mur dans un bouquet de flammes. Des gens courent dans tous les sens en tirant des coups de revolver.

Trop bruyant ! Zoé va voir ailleurs. BRRR ! un documentaire sur les requins, des dents, des dents partout, qui font CLAC, CLAC sur tout ce qui bouge. Ça suffit comme ça, les dents, passons à autre chose.

— Zoé ! Arrête ça, tu veux ! Tu vas me rendre folle à zapper continuellement. Trouve quelque chose, et restes-y.

— Y a rien de bien !

— Alors, ne regarde pas ! Prends un livre, et va te coucher.

— J'ai envie de regarder la télé quand même !

Zoé écrase rageusement la touche numéro 2. La dame pleure, et le monsieur blond aux gros biceps met des chemises dans une valise.

— Oh, ça suffit ! Zoé, donne-moi vite ce machin !

— NAN !

Furieuse, Josie se lève et tente d'arracher la télécommande des mains de Zoé. Rien à faire, Zoé s'y cramponne de toutes ses forces, presse au hasard tous les boutons, ce qui provoque une cacophonie épouvantable.

— Zoé ! Lâche ça tout de suite.

D'après **Pascal Garnier** (XXe s.),
Zoé zappe, Éd. Nathan.

rageusement : avec colère.
le biceps : un muscle du bras.

une cacophonie : des bruits mélangés et désagréables.

Comprendre

1. Comment appelle-t-on l'émission comme celle que Zoé regarde (lignes 25 à 28) : un film policier, un débat ou un documentaire ?
2. Relève le mot qui indique le nom de l'émission sur les requins.
3. Que retrouve Zoé lorsqu'elle appuie sur la touche 2 ?
4. Josie veut que Zoé lui donne « ce machin » ; de quel objet parle-t-elle ?
5. Que penses-tu de Zoé ?

À toi de jouer

1. Ce soir-là, Zoé a vu plusieurs sortes d'émissions :
   une émission documentaire
   un jeu
   un débat
   un film d'amour
   un film policier
   - Retrouve l'ordre dans lequel elle les a vues.
   - Trouve pour chacune d'elles quelques phrases qui permettent de les présenter.
   Par exemple : un film policier est un ....
2. L'émission de jeu est la seule à avoir un titre.
   Trouve un titre pour chacune des autres émissions.

Décris ce que tu vois

Voici des titres d'émissions ou de films que tu peux voir à la télévision :

« Trente millions d'amis » « La météo »
« La roue de la fortune » « Le journal télévisé »
« Les chiffres et les lettres »

Écris quelques phrases décrivant ce que Zoé verrait si elle zappait sur ces émissions. (Si tu ne les connais pas, tu peux les imaginer.)

La bande dessinée

LE GRAND PANIC CIRCUS

Lapins en gros

Lire et observer

Pour ton information

Une bande dessinée est une histoire racontée en images.

Lorsque les personnages parlent, tout ce qu'ils disent est écrit dans des **bulles.**

Chaque image de la bande dessinée s'appelle une **vignette**.

« Lapins en gros »

- Quand un directeur de cirque va faire travailler un artiste (clown, acrobate, magicien...), on dit qu'**il l'engage**. Il lui signe alors un **contrat.**
- Un **contrat mirifique** rapportera beaucoup d'argent à l'artiste ou le rendra très célèbre.
- Le spectacle que présente l'artiste s'appelle un **numéro**.

Comprendre

1. Que fait le personnage principal ? Quel est son métier ? (Il y a deux réponses.)
2. Quel est son nom dans cette histoire ? (Quelqu'un le prononce dans une bulle.)
3. Dans la quatrième vignette, on voit un personnage qui aime beaucoup le spectacle. Qu'est-ce qui montre qu'il est content et qu'il applaudit fort ?
4. Certains mots ne sont pas dans les bulles ; lesquels ? Qu'est-ce qu'ils veulent dire ?
5. Que propose le personnage nommé Bouglionne à l'artiste ?
6. Quel endroit nous montre la dernière vignette ?
7. Toujours dans la dernière vignette : qu'y a-t-il dans la bulle de droite ? Pourquoi ?

À toi de jouer

1. Dans les bandes dessinées, tu trouves souvent des petits mots (sans bulles) qui imitent des bruits (des onomatopées).
   Par exemple : **Boum**
   quelque chose explose, tombe...

   Voici d'un côté des onomatopées, de l'autre côté leur signification. Recopie-les en les associant correctement.

Snif !	• •	Je suis en colère.
Ha ! ha !	• •	Je casse un objet.
Pffff !	• •	Je pleure.
Crac !	• •	Je ris.
Grrr !	• •	Je souffle dans un ballon.

2. • Dessine des vignettes et utilise ces onomatopées.
   • Ajoute des bulles et imagine ce que peuvent bien dire tes personnages.

Des comptines et des rimes

Lire

Si

Si les mille-pattes
Chaussaient des savates,

Si les girouettes
Portaient des lunettes,

Si les gélinottes
Mettaient des culottes,

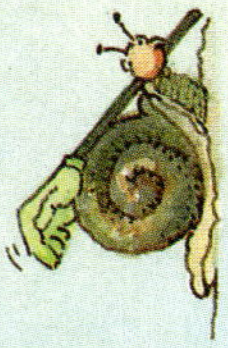

Si les escargots
Se grattaient le dos,

Si les écrevisses
Avaient la jaunisse,

Si tante Héloïse
Perdait sa chemise,

Si d'une patate
Sortait un zébu,

Toi que rien n'épate,
T'épaterais-tu ?

Pierre Coran (XXe s.),
J'affabule, Éd. Hachette.

Impression fausse

Dame souris trotte,
Noire dans le gris du soir,
Dame souris trotte,
Grise dans le noir.
...
Le grand clair de lune !
On ronfle ferme à côté.
Le grand clair de lune
En réalité !

Un nuage passe.
Il fait noir comme en un four,
Un nuage passe,
Tiens le petit jour !

Dame souris trotte,
Rose dans les rayons bleus,
Dame souris trotte,
Debout, paresseux !

Paul verlaine (XIXe s.).

Pour ton information

En poésie, une ligne s'appelle un **vers**.

Quand deux ou plusieurs vers se terminent par le même son, on dit qu'**ils riment**.

Par exemple, dans « escargots » et « dos », la rime c'est le son [o].

Plusieurs vers ensemble forment une **strophe**.

Comprendre

« Si »

1. Tu remarques que « mille-pattes » et « savates » se terminent par le même son.
   Trouve d'autres exemples de rimes.
2. Quel est le premier mot des sept premières strophes ?
3. Parfois les rimes se suivent comme « girouettes » et « lunettes ».
   Comment les autres rimes des douze premiers vers sont-elles placées ?
4. Et ensuite ?
5. Combien de phrases y a-t-il dans ce poème ?

À toi de jouer

Comme dans « Si »

- Écris une liste de noms d'animaux.
- Cherche des mots qui riment avec chacun d'eux.
- Écris toi-même une comptine avec ces mots.

Par exemple :
« Si les escargots
chaussaient des sabots,
Si les ....
....
Si les ....
....

Si les ....
....
Toi que rien n'épate,
T'épaterais-tu ? »

Lire

L'oiseau du Colorado

L'oiseau du Colorado
Mange du miel et des gâteaux
Du chocolat des mandarines
Des dragées des nougatines
Des framboises des roudoudous
De la glace et du caramel mou.
L'oiseau du Colorado
Boit du champagne et du sirop
Suc de fraise et lait d'autruche

Jus d'ananas glacé en cruche
Sang de pêche et navet
Whisky menthe et café.
L'oiseau du Colorado
Dans un grand lit fait un petit dodo
Puis il s'envole dans les nuages
Pour regarder les images
Et jouer un bon moment
Avec la pluie et le beau temps.

Robert Desnos (XXᵉ s.),
La ménagerie de Tristant,
Destinée arbitraire, Éd. Gallimard.

Tout luit, tout bleuit, tout bruit,
Le jour est brûlant comme un fruit
que le soleil fendille et cuit...

Anna de Noailles (XXᵉ s.),
L'ombre des jours, Éd. Calmann-Lévy.

Araignée grise
Araignée d'argent,
Ton échelle exquise
Tremble dans le vent.

Madeleine Ley (XXᵉ s.),
Petites voix, Éd. Stock.

Comprendre

« L'oiseau du Colorado »

1. Retrouve les derniers mots des six premiers vers.
2. Quels sont ceux qui riment ?
3. Parfois, les rimes se suivent : comme « Colorado » et « gâteaux ». Trouve plusieurs rimes qui se suivent.
4. D'abord, l'oiseau mange, et ensuite que fait-il ?

« Tout luit, tout... »

1. Relève les rimes.
2. Trouve dans le poème d'autres mots qui riment.
3. Comment le premier vers est-il construit ?

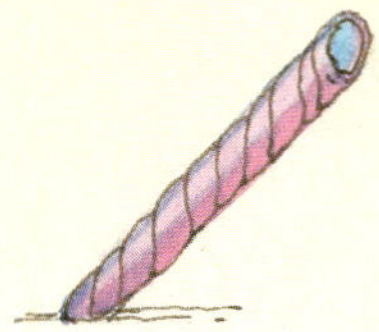

À toi de jouer

Comme dans « L'oiseau du Colorado »

- Écris un poème sur « L'oiseau du Manitoba ».
- Cherche ce qu'il mange, ce qu'il boit, où il s'envole.
- Choisis le plus possible de mots qui riment entre eux.

« L'oiseau du Manitoba
mange du .... et ....
De ....
....
L'oiseau de Manitoba
boit ....
.... »

Comme « Tout luit, tout... »

Écris un poème.

« Tout ...., tout ...., tout ....
Le jour est .... comme ....
que la pluie .... »

Le lapin

Au cirque on voit souvent deux sortes de clowns. Le clown blanc, comme Nino et l'Auguste, comme Pipo (regarde les fiches pages 16 à 19). Parfois, un troisième personnage apparaît : Monsieur Loyal. Il s'occupe de l'organisation du spectacle : il est le régisseur.

Lire

je ne me prive plus : je ne m'empêche plus de manger.

Nino, le clown blanc, mange avec beaucoup d'appétit. Monsieur Loyal, le régisseur, entre sur la piste du cirque.

Monsieur Loyal. Bonjour Nino, comment allez-vous ? Vous avez l'air d'avoir très faim.

Nino. Je ne me prive plus, j'ai trouvé un bon moyen pour ne plus payer ce que je mange.

Monsieur Loyal. Comment ça ?

Nino. Eh bien ! moi, je fabrique moi-même ma nourriture. Demandez-moi n'importe quoi. Vous allez voir !

Monsieur Loyal. Tenez… je voudrais bien un lapin.

Nino. Vous voulez un lapin ? Très facile. Mais un lapin vivant ou mort ?

Monsieur Loyal. Vivant !

Nino. Passez-moi votre journal. *(Monsieur Loyal lui donne son journal.)* Merci bien. Et voici un mouchoir que je place par terre. Voilà. Et je vais maintenant fabriquer un lapin avec votre journal.

(Pipo entre. Il a un nez rouge, l'air pas très malin.)

Pipo. Qu'est-ce que tu fais ?

Nino. Un lapin ! mais ça ne te regarde pas.

Pipo. Moi ? Je ne peux pas te regarder ?

Nino *(tenant toujours le journal)*. Si. À condition que tu ne dises rien.

Pipo. Bon. Je vais me mettre dans un coin. Je ne dis rien. Je te regarde.

Nino. Alors ça va ! *(Il déchire le journal.)* Ça, c'est la tête. *(Il dépose la tête sur le mouchoir.)* Maintenant, le corps. Là, ça y est. *(Il ajoute le corps à la tête.)*

Pipo. Quelle ressemblance, c'est formidable.

Nino. Maintenant une *papatte*. *(Il la pose sous le corps du lapin.)* Une autre *papatte*. Et une troisième *papatte*. Enfin, la dernière *papatte*.

Pipo. Tu nous fais un lapin aux pattes !

Nino *(énervé)*. Tais-toi ! Toi ! Tais-toi !

(suite page 32)

Comprendre

1. Pourquoi Nino mange-t-il sans se priver ?
2. Que lui réclame Monsieur Loyal ?
3. Avec quoi va-t-il fabriquer son animal ?
4. Pourquoi Pipo énerve-t-il Nino ?
5. Quel est le clown qui te semble le plus malin ? Pourquoi ?

Lire

Pipo. Il est joli ton lapin mais il lui manque le ... le petit machin, là derrière.

Nino. Ah ! oui, c'est vrai. J'oubliais la queue. La voici. J'ajoute les oreilles. Voici une oreille et une autre oreille. Voilà le lapin !

Monsieur Loyal. C'est très bien, mais je ne mange pas de papier.

Nino. Bien sûr. Mais il va être vivant. Maintenant, je vais transformer le papier en lapin. Je vais vous le faire devenir vivant. Je prends les quatre coins du mouchoir. Je les attache. Ainsi, tout est enfermé dans le mouchoir. *(À Pipo.)* Viens ici. Tiens-moi ça.

(Il lui tend le paquet.)

Pipo *(peu rassuré)*. Ah ! moi ! Non !

Nino. Mais n'aie pas peur.

Pipo. Si jamais ça bouge, je m'évanouis.

Nino. Mais non, mais non. Mets ton paquet dans ce chapeau. Recule-toi un peu. Je compte jusqu'à trois. Un ... deux ... et trois. *(Nino a fait un échange de paquets à l'intérieur du chapeau.)* Tiens, reprends ton mouchoir et ouvre-le.

Pipo. Tu crois que je peux l'ouvrir ?

Nino. Mais puisque je te le dis.

(Pipo ouvre le mouchoir d'où il sort un lapin vivant qu'il jette et laisse courir sur la piste du cirque.)

Monsieur Loyal *(à Nino)*. C'est formidable. Mes félicitations.

(Pendant que Monsieur Loyal et Nino se serrent la main, Pipo va voir dans le chapeau, il trouve un mouchoir qui ressemble au premier. Il l'ouvre ; des découpages en papier tombent.)

Nino *(l'aperçevant)*. Mais qu'est-ce que tu fais !

Monsieur Loyal. Ah, je comprends tout, il y avait deux paquets !

Nino *(à Pipo)*. C'est malin, tu fais tout rater.
(À Monsieur Loyal). Que voulez-vous, avec lui on ne peut jamais rien faire.

D'après Tristan Rémy (XXe s.),
Entrées clownesques, L'Arche Éditeur.

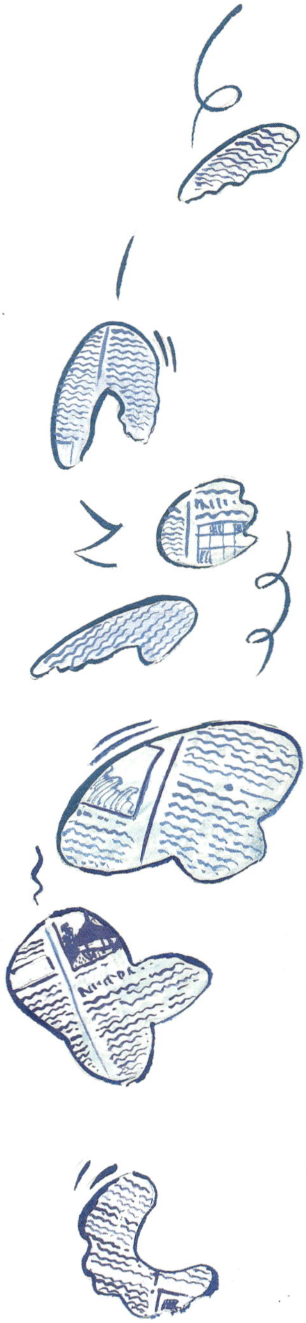

Comprendre

1. Que va faire Nino avec ses découpages en papier ?
2. Pourquoi Nino demande-t-il à Pipo de mettre son paquet dans le chapeau ?
3. Que pense Monsieur Loyal quant il voit un lapin vivant ?
4. Comment appelles-tu cette transformation présentée par Nino à Monsieur Loyal ?
5. Pourquoi Nino dit-il à Pipo qu'il fait tout rater ?

À toi de jouer

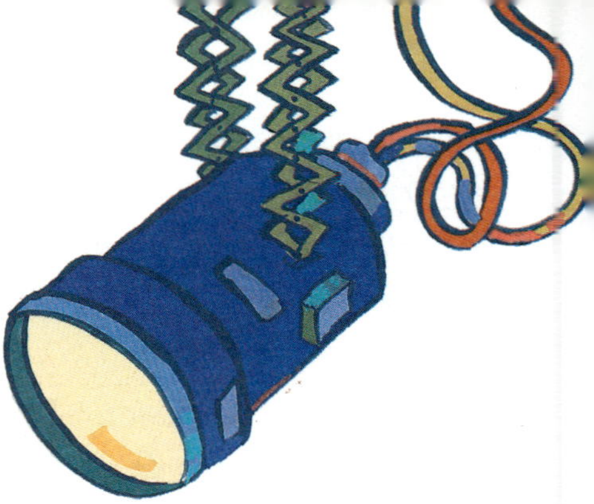

Jeux de scène

1. Quel est le personnage qui parle le plus ?
2. Quel est celui qui parle le moins ?
3. Quels sont les mots ou les phrases qu'il ne faut pas dire quand on joue ce texte ?
   Comment les reconnais-tu ?
   On les appelle des indications de scène.
4. À quoi servent-elles ?
5. Si l'on veut jouer cette scène, on doit utiliser du matériel.
   Relis le texte et fais la liste de ce matériel.

Expression orale, improvisation

Joue la scène correspondant à cette situation.

Le tour de magie qui rate :

le gâteau dans le chapeau

Nino veut faire croire à Monsieur Loyal qu'il peut faire une brioche dans un chapeau en versant du lait, de la farine et des œufs. Dans le fond d'un chapeau, il a placé une boîte en plastique dans laquelle il a tout versé ; à côté il a mis une brioche toute faite. Pipo arrive et fait tout rater en découvrant la boîte.

Dialogues de clowns (deux clowns se parlent)

1. Maintenant, imagine quelles indications de scène on pourrait mettre entre parenthèses à la suite de ces dialogues.

Nino. Je vais te faire le gâteau tout de suite. Apporte-moi le matériel nécessaire. (..)

Nino. Je commence, une cuillerée de farine, (.................... ....), deux œufs (..).

Nino. Voilà. Il est cuit. Passe-moi une assiette sans la casser. (..)

2. Imagine ce que pourrait répondre Pipo à ce que dit Nino. N'oublie pas qu'il comprend mal et qu'il n'est pas très malin !

Nino. Moi, je suis capable de fabriquer un gâteau dans un chapeau.

Pipo. *(Il propose son chapeau.)* ....

Nino. Pas le tien. Il est trop sale !

Pipo *(très fâché).* ....

Nino. Je vais me servir du chapeau pour en faire une casserole.

Pipo. ....

Lire... Vite... Bien... Lire...

1 Lis à haute voix.

Ar
Arti
Articule

Bave, bave, betterave.
Donne-moi
Trois
Sucres candis
Pour mardi
Pour mercredi
Pour mon amie
La souris
Qui n'a jamais peur la nuit
De la Grosse Bête Rave.

Jacqueline Held (XXe s.),
Poiravechiche, Éd. Grasset.

2 Retrouve dans chaque liste, le mot encadré.

A	B	C	D	E
moule	bouchon	linge	oiseau	enfant
1. mouille	**1.** mouton	**1.** ligne	**1.** moineau	**1.** encens
2. moule	**2.** boulon	**2.** singe	**2.** toison	**2.** infant
3. poule	**3.** bouchon	**3.** timbre	**3.** poison	**3.** enfant
4. molle	**4.** couchons	**4.** linge	**4.** oiseau	**4.** empan
5. nouille	**5.** mouchons	**5.** linge	**5.** piolet	**5.** entend
6. moule	**6.** bouchon	**6.** limbe	**6.** oiseaux	**6.** enfin

Vite... Bien... Lire... Vite...

3 Trouve l'intrus de chaque liste. C'est le mot qui ne se termine pas par la même syllabe.

A	B	C	D	E
1. panier	**1.** boutique	**1.** gentillesse	**1.** sommeil	**1.** bague
2. laurier	**2.** figue	**2.** vieillesse	**2.** réveil	**2.** nuage
3. fermier	**3.** élastique	**3.** gigantesque	**3.** matériel	**3.** message
4. dernier	**4.** plastique	**4.** adresse	**4.** pareil	**4.** courage
5. secouer	**5.** moustique	**5.** princesse	**5.** conseil	**5.** voyage
6. fraisier	**6.** mécanique	**6.** vitesse	**6.** orteil	**6.** potage

4 À ton tour, comme dans **l'exercice 3**, fabrique une liste de mots où l'intrus doit se terminer par un son différent.

Dans chaque liste, trouve quel mot correspond à la définition que tu lis au début.

A	B	C
Les poissons ne l'aiment pas.	On en joue.	Il a de longues oreilles.
1. un tricheur	**1.** un gigot	**1.** un jardin
2. un joueur	**2.** un abricot	**2.** un coussin
3. un balayeur	**3.** un piano	**3.** un lapin
4. un pêcheur	**4.** un haricot	**4.** un chemin
5. un tailleur	**5.** un artichaut	**5.** un gamin
6. un coiffeur	**6.** un matelot	**6.** un sapin

Lire... Vite... Bien...

6 Les mots voyagent !
Trois mots ont changé de colonne. Retrouve-les.

A	B
bille	facile
quille	fragile
lentille	chenille
ville	habile
famille	huile
tranquille	brindille
pastille	tuile
tuile	automobile
gentille	grille
aiguille	crocodile

7 Fais le même travail qu'à l'**exercice 6**.

A	B
désert	dessert
poison	poisson
coussin	grosse
grise	cousin
magasin	sieste
réponse	sirène
amusant	fraise
cassette	caisse
maison	souris
chaise	raison

8 Fais le même travail qu'à l'**exercice 6**.

A	B
singe	gourmand
mensonge	escargot
régime	pigeon
dragon	orange
girafe	gobelet
bougie	guérir
gomme	gare
galette	guirlande
éponge	garçon
village	horloge

Écrire... Bien... Mieux...

1 Cherche le plus grand nombre de mots où l'on entend le son [ã] comme dans maman ou dans enfant.

Tu remarques que ce son [ã] peut s'écrire **an** ou **am** ou **en** ou **em**.

Classe ensemble les mots que tu viens de trouver où ce son s'écrit de la même façon.

2 Relis le conte page 12 lignes 1 à 5. Relève tous les mots qui contiennent la lettre **s**.
Classe-les en trois colonnes :

on entend le son [s]	on entend le son [z]	on n'entend rien
savon	oiseau	mais .....

3 Fais le même exercice avec les mots qui contiennent la lettre **t**.
Trouve toi-même une façon de les classer.

4 Trouve des mots qui commencent par **in** ou **im** en te servant des mots suivants :

mobile, connu, buvable, possible, utile, perméable.

Par exemple : mobile → immobile

Tu peux remarquer que le deuxième mot veut dire le contraire du premier.

5 Jeu.

Au marché de Padi-Pado

Au marché de « Pas d'i, Pas d'o », on peut trouver toutes sortes de choses, mais on ne trouve pas de girafe parce que ce mot contient la lettre **i**. On ne trouve pas d'olives parce que ce mot contient les lettres **i** et **o**.

Continue ce jeu.

Par exemple : Il y a des enfants mais ni filles ni garçons.

NOVEMBRE

V'là bon vent

1. Derrièr' chez nous y a-t-un étang *(bis)*
Trois beaux canards s'en vont baignant.

Refrain

V'là l'bon vent, v'là l'joli vent
V'là l'bon vent, ma mie m'appelle
V'là l'bon vent, v'là l'joli vent
V'là l'bon vent, ma mie m'attend.

2. Le fils du Roi s'en va chassant *(bis)*
Avec son beau fusil d'argent.

Refrain

3. Visa le noir, tua le blanc. *(bis)*
– O fils du Roi, tu es méchant.

Refrain

4. D'avoir tué mon canard blanc ! *(bis)*
Par-dessous l'aile il perd son sang.

Refrain

5. Par les yeux lui sort des diamants, *(bis)*
Et par le bec l'or et l'argent.

L'épouvantail

Le vent l'a abattu
Je l'ai redressé. Le vent l'a fait tomber
L'épouvantail.

Maurice Coyaud,
Fourmis sans ombre,
Éd. Phebus.

Guillo, prends ton tambourin

1. Guillo, prends ton tambourin, et toi ton pipeau, Robin, *(bis)*
Au son de ces instruments, turelure lure, pati patapan,
Au son de ces instruments, nous dirons Noël gaiement.

2. C'était la mode autrefois, de fêter Saint-Nicolas, *(bis)*
Au son de ces instruments, turelure lure, pati patapan,
Au son de ces instruments, il nous faut en faire autant.

3. Pour bien fêter ce grand jour, prends la flûte et le tambour *(bis)*
Au son de ces instruments, turelure lure, pati patapan,
Au son de ces instruments, chantons et dansons gaiement !

D'après **Bernard de la Monnaye**.

novembre :
De la Toussaint aux Avents, jamais trop de pluie ni de vent.

décembre :
Si décembre est sous la neige, la récolte elle protège.

La pluie

Tip tip tip
C'est la pluie
Sur le toit.

Zip zip zip
C'est l'éclair
Qui rougeoie.

Boum boum boum
Le tonnerre
Cache-toi !

Corine Albaut,
Contemimes n° 1,
Éd. Corinne Albaut.

Le brouillard a tout mis
Dans son sac de coton.
Le brouillard a tout pris
Autour de ma maison.

Maurice Carême,
« *Le brouillard* »,
Fondation Maurice Carême.

Mon beau sapin

1. Mon beau sapin
Roi des forêts,
Que j'aime ta verdure !
Quand par l'hiver
Bois et guérets
Sont dépouillés
De leurs attraits
Mon beau sapin
Roi des forêts,
Tu gardes ta parure.

2. Toi que Noël
Planta chez nous
Au saint anniversaire !
Joli sapin
Comme ils sont doux
Et tes bonbons et tes joujoux !
Toi que Noël
Planta chez nous
Tout brillant
De lumière.

3. Mon beau sapin
Tes verts sommets
Et leur fidèle ombrage,
De la foi qui ne ment jamais
De la constance et de la paix,
Mon beau sapin
Tes verts sommets
M'offrent la douce image.

DÉCEMBRE

Drôle d'oiseau

Lire

Il était une fois un bûcheron, qui était parti de bon matin couper du bois.

À peine arrivé dans la forêt, il entendit des cris qui ressemblaient à ceux d'un enfant. Il se dirigea vers les cris, et arriva au pied d'un grand arbre. En haut, tout en haut de celui-ci, était assis un petit garçon. Un grand oiseau l'avait sans doute enlevé et déposé là.

Le bûcheron grimpa dans l'arbre et descendit l'enfant de son perchoir. Il pensa alors : « Je vais le ramener à la maison et l'élever avec ma Petite Rose. » Il l'emmena donc chez lui, et les deux enfants grandirent ensemble. Celui qui avait été trouvé dans l'arbre, perché comme un oiseau, fut appelé « Drôle d'oiseau ».

perchoir : endroit en hauteur où l'on est perché.

Drôle d'oiseau et Petite Rose s'aimaient tellement qu'ils devinrent vite inséparables.

Chez le bûcheron vivait aussi une vieille cuisinière. Un soir, elle prit deux seaux et alla tant et tant de fois à la fontaine pour rapporter de l'eau que Petite Rose, qui l'observait, lui demanda :

— Dis-moi, vieille Suzanne, que vas-tu faire de toute cette eau ?

— C'est un secret, mais si tu ne le répètes à personne, répondit la vieille, je te le dirai.

Et Petite Rose promit.

Alors la vieille cuisinière lui murmura :

— Demain matin, quand ton père sera parti couper du bois dans la forêt, je mettrai l'eau à chauffer dans le grand chaudron, j'y jetterai Drôle d'oiseau et je le ferai cuire.

(suite p. 44)

inséparables : ils ne voulaient plus se quitter.

chaudron : marmite que l'on accroche au-dessus du feu dans une cheminée.

Comprendre

1. Où le bûcheron trouve-t-il le petit garçon ?
2. Comment l'appelle-t-il ? Pourquoi ?
3. Comment s'appelle la fille du bûcheron.
4. Quel est le secret que la vieille cuisinière raconte à Petite Rose ?
5. Que promet Petite Rose ?

Lire

La pauvre Petite Rose, cette nuit-là, eut bien de la peine à s'endormir. Au matin, quand le bûcheron fut parti dans la forêt, Petite Rose chuchota à Drôle d'oiseau :

— Si tu ne m'abandonnes pas, je ne t'abandonne pas non plus !

— Ni maintenant ni jamais ! lui répondit Drôle d'oiseau.

— Alors écoute-moi, continua Petite Rose.

Et Petite Rose lui raconta tout...

... Comme l'eau bouillait dans le grand chaudron, la vieille cuisinière se dirigea vers la chambre, pour prendre Drôle d'oiseau et le jeter dans l'eau bouillante. Mais quand elle s'approcha du lit, elle découvrit que les enfants s'étaient envolés. Elle fut aussitôt prise d'une peur horrible : « Que dirai-je au bûcheron quand il rentrera et s'apercevra que les enfants se sont envolés ? Vite, il faut se hâter, leur courir après, les rattraper ! »

se hâter : se dépêcher.

La vieille cuisinière détacha ses chiens et leur ordonna de ramener les enfants.

Mais les enfants virent les chiens accourir de loin. Petite Rose dit à Drôle d'oiseau :

— Si tu ne m'abandonnes pas, je ne t'abandonne pas non plus !

— Ni maintenant, ni jamais ! lui répondit Drôle d'oiseau.

— Alors, reprit Petite Rose, deviens rosier et je serai ta rose.

Ainsi, quand les chiens arrivèrent dans la forêt, ils virent une rose sur un rosier, mais pas d'enfants.

« Nous n'avons rien à faire ici », pensèrent-ils et ils rentrèrent à la maison en racontant à la vieille cuisinière qu'ils n'avaient rien vu, sauf une petite rose sur un rosier.

— Triples buses ! hurla la cuisinière. Il fallait arracher le rosier, cueillir la rose et me la rapporter. Retournez là-bas et faites ce que j'ordonne.

triples buses : bande d'idiots.

(suite ci-dessous)

Comprendre

1. Petite Rose tient-elle la promesse qu'elle a faite à la vieille cuisinière ?
2. Qu'est-ce que la vieille découvre au matin ?
3. Retrouve la phrase d'amitié que dit Petite Rose à Drôle d'oiseau.
4. Pourquoi les chiens ne trouvent-ils pas les enfants ?
5. La vieille a compris ce qui s'est passé. Que dit-elle aux chiens ?

Lire

Mais les enfants virent les chiens accourir de loin.

Petite Rose dit :

— Drôle d'oiseau, si tu ne m'abandonnes pas, je ne t'abandonne pas non plus !

— Ni maintenant ni jamais ! répondit Drôle d'oiseau.

— Alors, deviens rocher et je serai mousse.

Quand les chiens arrivèrent, ils ne virent rien d'autre qu'un rocher avec une petite touffe de mousse et pensèrent : « Nous n'avons rien à faire ici, rentrons. »

Quand ils arrivèrent, la vieille cuisinière leur demanda s'ils avaient trouvé quelque chose. Ils répondirent qu'ils n'avaient rien trouvé d'autre qu'une petite touffe de mousse sur un rocher.

incapables : stupides, imbéciles.

— Bêtes incapables ! gronda la cuisinière. Il fallait renverser le rocher et rapporter la touffe de mousse.

Cette fois, la vieille cuisinière décida que ses pauvres jambes la porteraient bien jusque là-bas, et, à la suite des chiens, elle partit en boitant à la poursuite des enfants. Mais les enfants les virent accourir de loin.

Petite Rose dit à Drôle d'oiseau :

— Si tu ne m'abandonnes pas, je ne t'abandonne pas non plus !

— Ni maintenant, ni jamais ! répondit Drôle d'oiseau.

— Alors, reprit Petite Rose, deviens étang, et je serai la petite cane blanche qui nage dessus !

assécher : enlever toute l'eau.

bascula : tomba.

La cuisinière, qui était en réalité une sorcière, arriva près de l'étang. Elle décida de l'assécher, elle se pencha et se mit à le boire. Mais elle fut bientôt si lourde, qu'elle bascula dans l'eau et se noya.

Alors, tout contents, les enfants rentrèrent à la maison. On raconte, d'ailleurs, qu'ils y seraient encore...

D'après **Grimm**,
Contes, Éd. Hachette.

Comprendre

1. En quoi se transforment les enfants la deuxième fois ?
2. Et la troisième fois ?
3. La vieille est-elle une vraie cuisinière ?
4. Qu'arrive-t-il à la vieille ?
5. Que penses-tu de cette fin ?

À toi de jouer

Fais un résumé

1. Ces phrases résument la première partie du conte (pages 42-43, lignes 1 à 29).
Remets-les dans le bon ordre.
a. Un jour, un bûcheron trouve un petit garçon.
b. Petite Rose et Drôle d'oiseau se sauvent.
c. Il l'appelle Drôle d'oiseau.
d. Mais elle dit son secret à Petite Rose.
e. Un jour, la vieille décide de le faire cuire.

2. À ton tour, résume la suite du conte (pages 44, 45 et 46) en complétant ces phrases :

« Les enfants s'enfuient. La vieille envoie .... les chercher. La première fois, Drôle d'oiseau se transforme en .... et .... en .... Et les chiens ne ....
La deuxième fois, Drôle d'oiseau .... en .... et .... en .... Et .... ne les trouvent pas.
La troisième fois, la vieille, furieuse, décide d'aller elle-même les chercher. Elle .... et veut boire .... mais elle .... »

Invente un autre épisode

Un épisode est une partie d'histoire avec un début et une fin.

- Imagine en quoi les enfants pourraient encore se transformer.
- Écris un épisode en te servant du texte du conte (pages 45 et 46).

« Les enfants, qui étaient assis, virent les chiens accourir.
Petite Rose dit à Drôle d'oiseau :
— Si tu ne m'abandonnes pas, ... plus !
— Ni ...., ni .... ! répondit Drôle d'oiseau.
— Alors, dit ...., deviens .... et je serai ....
Quand les chiens arrivèrent, ils .... et ils pensèrent :
« ...., rentrons ».
Quand la cuisinière les vit .... »

Un emploi du temps :

LA JOURNÉE D'UN CHIEN FATIGUÉ

7 h 30 - 7 h 55	*Penser à se lever.*
7 h 55 - 8 h 00	*Se lever.* *Aller à la cuisine où l'on sent de bonnes odeurs.*
8 h 00 - 8 h 15	*Participer au petit déjeuner.*
8 h 15 - 10 h 00	*Retourner dormir un peu.*
10 h 00 - 11 h 30	*Aller faire des courses avec sa maîtresse.* *Prendre une saucisse sur l'étalage du charcutier et la manger tout de suite.*
11 h 30 - 12 h 00	*Dormir avant le déjeuner.*
12 h 00 - 12 h 30	*Accueillir les enfants qui reviennent de l'école.* *Sauter, agiter la queue, lécher les visages, etc.* *Être un bon chien.*
12 h 30 - 13 h 00	*Participer au déjeuner de la famille.*
13 h 00 - 13 h 30	*Aller dans la chambre à coucher.* *Dormir encore.*
13 h 30 - 13 h 31	*Prendre son repas d'« aliments pour chiens ».*
13 h 31 - 15 h 00	*Faire une petite sieste.*
15 h 00 - 16 h 00	*Visiter son voisin, un jeune chien nommé Rocky.* *Avec le reste de la bande, faire les poubelles du quartier.*
16 h 00 - 16 h 15	*Se battre avec les copains.*
16 h 15 - 16 h 16	*Aller faire un plongeon dans le ruisseau.*
16 h 16 - 16 h 30	*Faire son entrée dans la salle de séjour.* *Être soulevé par la peau du cou et mis à la porte avec ordre d'aller se sécher ailleurs.*
16 h 30 - 18 h 30	*Faire la sieste dans le garage.*

D'après **Stephen Baker** (XXe s.),
Comment vivre avec un chien neurasthénique, Éd. John Didier.

Lire et observer

Sur ce document (p. 48), le chien écrit ce qu'il doit faire pour ne pas oublier.
Il s'agit d'un **planning** ; c'est le programme de travail très détaillé du chien.
Ce n'est pas tout à fait un emploi temps ordinaire.

Comprendre

1. Que doit faire le chien à midi ?
2. Combien de temps met-il pour prendre son repas « pour chiens » ?
3. Quelles sont ses principales occupations l'après-midi ?
4. À quelle heure va-t-il voir Rocky ?
5. Pourquoi ce chien est-il fatigué, à ton avis ?

À toi de jouer

1. Écris à nouveau la matinée de ce chien (jusqu'à 12 h 00) comme s'il se donnait lui-même des ordres.

   Par exemple : Pense à te lever.

2. Écris la matinée d'un chien pressé ou affamé ou peureux.
3. Choisis un animal que tu aimes bien (chat, poisson rouge, canari, hamster...). Trouves ses activités pour une après-midi.
4. Fais ton planning pour la journée du mercredi. Tu peux ensuite le faire pour les autres jours de la semaine.
   Trouve une activité différente par jour et place-la dans un tableau comme celui-ci.

Décembre

	Lundi 16	*Mardi* 17	*Mercredi* 18	*Jeudi* 19	*Vendredi* 20	*Samedi* 21	*Dimanche* 22
	Ste Alice	St Gaël	St Gatien	St Urbain	St Abraham	St Pierre C.	HIVER
8							
9							
10							
11							
12							
13							
14							
15							
16							
17							
18							

Parfois je rêve !

Lire

je lui jette un sort : j'utilise une formule magique.

Parfois, je rêve que je suis un magicien.
Quand je vois une dame
en manteau de fourrure,
je lui jette un sort
et l'animal n'est plus mort.
Je crie : « Kili-man-djaro ! »
Alors, aussitôt
le loup,
le renard bleu
ou l'ours polaire
bondit à terre
et accourt vers moi.

Parfois, je rêve que je suis un inventeur.
J'invente des trucs formidables
contre la guerre,
contre la faim et les épidémies.
Mais j'invente aussi
des choses très drôles
pour moi tout seul.
L'été, pour me rafraîchir,
je me fabrique
une super-douche automatique.
Quand il fait trop chaud,
je tire sur la ficelle
et le tour est joué.

une épidémie : une maladie que beaucoup de personnes attrapent en même temps.

Parfois, je rêve que je suis un astronaute.
Je me pose avec ma fusée
sur une planète éloignée.
Quand je raconte
aux enfants de là-bas
que, sur la Terre,
l'école est obligatoire
et que, chaque soir,
nous avons des devoirs,
ils se tordent de rire.
Alors je décide de rester avec eux,
longtemps,... longtemps...
Enfin, jusqu'aux grandes vacances !

(suite p. 52)

Comprendre

1. Que fait le magicien quant il voit un manteau de fourrure ?
2. En quoi se transforme le manteau de fourrure ?
3. À quoi sert la super-douche automatique ?
4. Où l'astronaute se pose-t-il avec sa fusée ?
5. Jusqu'à quand l'astronaute reste-t-il avec les enfants de la planète éloignée ?

Lire

Parfois, je rêve que je suis un nuage.
Je deviens léger comme une plume
et le vent m'emporte
à travers la campagne.
Je peux prendre toutes les formes,
et toutes les tailles.
Ce que je préfère,
c'est flotter
sous l'apparence d'une poule.
Pour m'amuser, quand ça me plaît,
je fais pleuvoir ou grêler.
« Ça alors ! s'écrient les gens étonnés.
Une poule qui pleut ! »
Le soir, je m'en vais sur la mer
et je regarde du haut du ciel
le soleil qui se couche.

sous l'apparence d'une poule : en prenant la forme d'une poule.

Parfois, je rêve que je suis un vrai gangster.
J'ai les poches pleines d'argent et de bijoux.
Mais les pièces sont en chocolat
et les bijoux de pure pacotille.
Les policiers, venus m'arrêter,
ne peuvent rien me faire.
Ils sont obligés de me relâcher.
Pour consoler le commissaire,
je lui offre une montre en plastique.
Il est tout content et déclare
qu'il n'a encore jamais vu
de truand comme moi.

de pacotille : qui ne coûtent pas cher.

un truand : un bandit, un voleur.

Erhard Dietl (XXe s.),
Parfois je rêve, Éd. Hachette.

Comprendre

1. Chaque paragraphe raconte un rêve.
   Combien y a-t-il de paragraphes ?
   Combien y a-t-il de rêves ?
2. Relis la première phrase de chaque paragraphe.
   Quel groupe de mots retrouves-tu chaque fois ?
3. Le mot « rêver » peut vouloir dire : imaginer
   ou alors faire des rêves, quand on dort.
   Que veut dire « rêver » dans ce texte ?
4. À ton avis, qui rêve : est-ce un adulte ou un enfant ?
5. Quel est le rêve que tu préfères ? Pourquoi ?

À toi de jouer

Transforme un paragraphe

- Relis le paragraphe sur le nuage.
- Retrouve tout ce que fait le nuage.
- Ensuite, écris ce paragraphe à la 3e personne du singulier :
  « Il devient léger, il peut .... »

Écris le rêve que tu aimerais réaliser

- Choisis ce que tu aimerais être.
- Cherche tout ce que tu pourrais faire (fais une liste).
- Écris ton rêve, en complétant ce modèle :
  « Parfois, je rêve que je suis ....
  Je deviens ....
  et ....
  Je peux ....
  Ce que je préfère,
  c'est ....
  Pour m'amuser,
  je ....
  Le soir, je .... »

La publicité

document 1

document 2

Lire et observer

La publicité utilise l'image (photos ou dessins) et le texte, comme la bande dessinée.
Mais les mots et les phrases ne sont pas placés de la même façon et il y en a moins.

Dans une publicité la phrase que l'on retient facilement s'appelle le **slogan**.

Comprendre

document 1

1. Quelle est la marque du produit pour lequel on fait cette publicité ?
2. À quoi sert-il ?
3. Quel sera le menu de ce chat ? Comment peux-tu le savoir ?
4. En bas de cette photo, une phrase indique que ce produit a l'air bon (le slogan). Recopie-la.
5. Une autre phrase pourrait se mettre dans une bulle de BD. Trouve-la et recopie-la.
6. Dans cette phrase, quels mots t'indiquent que c'est le chat qui parle ?

document 2

1. Quelle est la marque du produit donné au chat ?
2. Cherche une phrase slogan qui fait penser à une chanson. Recopie-la.
3. Quelle est cette chanson ? Quel mot a été changé ?
4. Que représentent les taches claires sur le sol ?
5. Pourquoi les a-t-on dessinées ?

• Quelle publicité préfères-tu ? Pourquoi ?

À toi de jouer

1. Imagine une nouvelle publicité à partir du **document 1.**
   • Dessine un chat.
   • Reprends la phrase du haut. Transforme-la pour faire croire que c'est le maître ou la maîtresse du chat qui parle.

2. Imagine une autre publicité à partir du **document 2.**
   • Dessine un chat.
   • Reprends la phrase du haut, place-la dans une bulle. Transforme-la un peu pour qu'on pense que c'est le chat qui parle.

3. Voici quelques photos.
   • Pour quels produits pourrais-tu les utiliser et en faire de la publicité ?
   • Invente des slogans pour les produits que tu as trouvés.

Des comptines et des rythmes

Lire

Pour qui ? Pour quoi ?

— Un képi
Pour la pie
Un duvet
Pour l'orvet
Un petit toit
Pour le putois
Un pardessus
Pour la tortue
— Et pour moi
Papa !
Et pour moi ?

Jacqueline Held (XXe s.),
Histoires biscornues, Éd. Magnard.

Sur la lande

En Irlande
Sur la lande
Le vent pleure,
La bruyère
Des tourbières
Est en fleurs.
Bien caché
Sur les eaux
A niché
Un oiseau.
À l'abri
Des roseaux
Des petits
Sont sortis.
Les petits
N'ont pas peur
Mais voici
Le chasseur.
La bruyère
Des tourbières
Est en fleurs,
Sur la lande
En Irlande
L'oiseau pleure.

Bernard Clavel (XXe s.),
À Kenogami, Éd. Messidor.

Pour ton information

Le nombre de syllabes d'un vers, lui donne son **rythme**.
En poésie, on ne compte que les syllabes qui se prononcent.
Par exemple : « lande » est un mot d'une syllabe,
« oiseau » un mot de deux syllabes,
« pardessus » un mot de trois syllabes.

Comprendre

« Pour qui, pour quoi »

1. Compte le nombre de syllabes de chaque vers.
2. Combien y a-t-il de vers de trois syllabes, de quatre syllabes, de deux ?
   Tu peux le noter comme ceci : 1er vers : 3
   2e vers : 3
   3e vers : ...
3. Regarde les rimes.
   « Képi » et « pie » sont des rimes qui se suivent.
   Trouve toutes les rimes qui se suivent dans ce poème.
4. Relis le premier mot de chaque vers. Que remarques-tu ?

À toi de jouer

Comme « Pour qui ? Pour quoi ? »

Écris toi-même une comptine, sur ce même rythme.
À la question **2**, tu as noté le nombre de syllabes
et cela peut t'aider.

Par exemple : « — Un violon
Pour ....
Un ....
Pour ....
Un ....
Pour ....
— Et pour moi
Papa !
Et pour moi ? »

Lire

Le hibou et l'hirondelle

— Moi, dit le hibou
à l'hirondelle,
j'ai un beau jabot,
des gants élégants.
Je suis un monsieur
tout à fait sérieux.
Je suis important.

— Moi, dit l'hirondelle
qui file à tire d'aile
(tu ne la vois pas,
elle est sur le toit)
moi, dit l'hirondelle,
je vole et je vais
là où il me plaît.
Je suis bien contente
et c'est beaucoup mieux.

Claude Roy (XXe s.),
Enfantasques, Éd. Gallimard.

Pas vu ça

Pas vu la comète
Pas vu la belle étoile
Pas vu tout ça

Pas vu la mer en flacon
Pas vu la montagne à l'envers
Pas vu tant que ça

Mais vu deux beaux yeux
Vu une belle bouche éclatante
Vu bien mieux que ça

Robert Desnos (XXe s.),
« Youki 1930 Poèmes », *Destinée arbitraire,* Éd. Gallimard.

Bleu comme le ciel
De ce dur été
Qui a tout brûlé

Jaune d'or comme les blés
Qui seront bientôt coupés.

Anne (9 ans).

Pour ton information

Le poète peut tout se permettre quand il écrit. Il peut décider de ne pas mettre de virgule, de point, de faire des phrases bizarres...

Comprendre

« Le hibou et l'hirondelle »

1. Observe la disposition du poème, les signes de ponctuation, les mots... Comment peux-tu savoir que le hibou parle d'abord et que l'hirondelle lui répond ensuite ?
2. Quelle est la différence entre le hibou et l'hirondelle ?
3. Compte le nombre de syllabes de chaque vers. Que remarques-tu ?

« Pas vu ça »

1. Observe le début des six premiers vers. Que remarques-tu ?
2. Que manque-t-il pour que chaque vers devienne une phrase normale ?
3. Que manque-t-il aux trois derniers vers pour que chacun devienne une phrase normale ?
4. Trouves-tu des rimes ? Trouves-tu des signes de ponctuation ?

À toi de jouer

Comme « Le hibou et l'hirondelle »

Écris le dialogue du cactus et de la violette.

« — Moi, dit le cactus
à la violette,
J'ai ....
....
....

— Moi, dit la violette
qui ....
moi, dit la violette
....
.... »

Comme « Pas vu ça »

Écris un poème où la dernière strophe s'oppose aux premières.

« Pas vu ....
Pas vu ....
Pas vu ....

Pas vu ....
Pas vu ....
Pas vu ....

Mais vu ....
Vu ....
Vu .... »

Les chapeaux écrasés

Lire

Nino, *(à Pipo).* Toi qui aimes bien les plaisanteries, je vais te raconter une petite histoire. Tu vas bien rire. Assieds-toi là. (*Il présente une chaise à Pipo.*) D'abord, il faut enlever ton chapeau.

Pipo. Pourquoi faire ?

Nino. Tu vas le savoir tout à l'heure. C'est pour te faire rigoler.

(Il saisit le chapeau de Pipo, l'examine dans tous les sens et le jette à terre.)

Pipo *(mécontent).* Ah, non ! Vas-y doucement. Tu pourrais quand même faire attention, c'est mon chapeau des dimanches. *(Il ramasse son chapeau, souffle et passe sa manche dessus pour enlever les poussières.)* Je n'ai que celui-là.

Nino. Mais tu n'as pas besoin d'avoir peur. C'est une plaisanterie pour te faire rire.

mon chapeau des dimanches : que je mets le dimanche parce que c'est le plus beau.

Pipo. Ah, bon ! C'est une blague.
(Il pose délicatement son chapeau sur la piste et le regarde avec tendresse.)

Nino. Bon. Ecoute ! Il y avait une fois un petit garçon qui était très gourmand...

Pipo *(riant).* C'est maintenant que je dois rire ?

Nino. Mais non, tout à l'heure... Un jour que le petit garçon se promenait du côté d'un grand verger, il aperçut un arbre avec de belles pommes. Des pommes grosses comme ça ! Et comme il était vraiment très gourmand, il a grimpé dans l'arbre *(Nino monte sur la chaise.)* pour cueillir une pomme...

Pipo. Dis, Nino ? C'est maintenant que je dois rire ?

Nino. Mais non, pas encore... Pendant qu'il était en train de croquer la pomme, le garde-champêtre arrive avec son fusil. Il aperçoit le petit garçon. Il prend son fusil. Il vise le petit garçon...

un verger : un jardin où poussent des arbres fruitiers.

un garde-champêtre : personne qui surveille les forêts et les champs.

Pipo. Dis, Nino ? C'est maintenant que je rigole ?

Nino. Non ! Pas maintenant ! Mais le petit garçon qui était très malin a sauté en bas de l'arbre *(Nino saute à pieds joints sur le chapeau de Pipo.)* et il se met à courir... *(Nino piétine le chapeau comme s'il courait et l'aplatit.)*

Pipo. Et alors ?

Nino. C'est maintenant que tu dois rire.

Pipo *(pleurant)*. Ah ! toi tu trouves ça plaisant ! C'est malin, va ! Tant que tu auras des histoires pareilles à raconter tu pourras les garder pour toi. *(Nino se tord de rire. Pipo ramasse son chapeau et le remet en forme. Nino s'amuse.)* Tu as abîmé mon chapeau ! Tu es un voyou !

Nino. Mais non, mon cher, ne te fâche pas. C'est une farce. Tu n'as qu'à la faire à plus bête que toi.

Pipo. Ah ! Si tu crois que c'est facile !

(suite ci-dessous)

Comprendre

1. Qu'est-ce que Nino propose à Pipo ?
2. Que fait-il du chapeau de Pipo ?
3. Que fait Nino à la fin de son histoire ?
4. Pourquoi a-t-il raconté cette histoire à Pipo ?
5. Que fait Pipo ?

Lire

Pipo cherche à qui il va pouvoir, à son tour, faire une bonne farce. Monsieur Loyal entre, bien habillé, Pipo va à sa rencontre.

Pipo. Bonjour, Monsieur Loyal. Vous n'avez pas une minute ? Je vais vous raconter une histoire.

Monsieur Loyal. Laissez-moi, je n'ai pas le temps.

Pipo. Une minute seulement !

Monsieur Loyal. Vous voulez me raconter une histoire ? Est-elle drôle au moins ?

Pipo. Vous allez rigoler. *(Il prend le chapeau de Monsieur Loyal.)* Moi, je vous dis que vous allez rigoler. D'abord, il faut mettre votre chapeau à terre, parce que c'est une blague. A côté du mien, là. *(Pipo s'apprête à sauter sur le chapeau.)* Alors, le petit garçon !... Vous allez voir comme vous allez rigoler !

(Il prend son élan pour sauter.)

Nino *(le retenant).* Pas maintenant ! D'abord, l'histoire.

Pipo *(à Nino).* J'ai oublié.

Nino *(à Pipo).* Je vais t'expliquer. Il faut commencer par le commencement.

(Pendant ce temps, Monsieur Loyal se lève et change les chapeaux de place.)

Pipo *(à Monsieur Loyal).* Il y avait une fois un petit garde-champêtre.

Nino *(énervé).* Mais non, un petit garçon !

Pipo *(reprenant).* Oui, c'est ça ! Vous allez rigoler. Il y avait une fois un petit garçon qui était très gourmand et qui aimait les pommes. Un jour, il se promenait du côté d'un verger. Il y avait un pommier. Il grimpe dessus...

(Pipo monte sur la chaise.)

Monsieur Loyal *(très patient).* Oui, je connais l'histoire. Il vole une pomme et...

Pipo *(de plus en plus pressé).* Au moment où il était dans l'arbre, voilà le garde-champêtre qui arrive avec son fusil. Il vise le petit garçon... Vous allez rigoler !

Monsieur Loyal *(amusé).* Oui ! Oui !

Pipo. Alors, le gosse qui était malin saute en bas de l'arbre. Comme ça ! *(Pipo saute sur le chapeau).* Et puis comme ça ! Et encore comme ça ! Et puis il commence à courir, comme ça !

Nino *(se joignant à Pipo pour écraser le chapeau).* Comme ça !

Pipo *(à Monsieur Loyal).* Vous allez rigoler !

Monsieur Loyal *(les imitant, piétinant le chapeau et riant à son tour).* Comme ça !

Pipo *(à Monsieur Loyal).* Alors, vous êtes content ? Ça vous fait rire ?

Monsieur Loyal. Oui, je suis content.

Pipo *(montrant le chapeau transformé en galette).* C'est votre chapeau.

Monsieur Loyal *(se précipitant pour ramasser le chapeau qui n'a pas été piétiné).* Pas du tout ! C'est le vôtre !

D'après **Tristan Rémy**, (XXe s.),
Entrées clownesques, L'Arche Éditeur.

Comprendre

1. Que veut faire Pipo à son tour ?
2. Est-ce qu'il raconte bien les histoires ? Pourquoi ?
3. Que fait Monsieur Loyal au bout d'un moment ? Pourquoi fait-il cela ?
4. Pourquoi Monsieur Loyal s'amuse-t-il en écoutant Pipo ?
5. Comment se termine cette scène ? Qu'en penses-tu ?

À toi de jouer

Jeux de scène

1. Quels objets sont nécessaires pour jouer ce sketch ?
2. À quoi vont-ils servir ?
3. À quel moment précis de l'histoire les clowns montent-ils sur la chaise ?
4. À quel moment descendent-ils ?

Expression orale, improvisation

Joue la scène correspondant à cette situation.
(Naturellement, tu fais semblant de cracher l'eau).

Une bonne farce : **le miel**

Nino propose à Pipo d'imiter les abeilles. Pipo sera la reine qui dira à l'ouvrière : « Donne-moi du miel ». Nino, la petite abeille, va de fleur en fleur et lorsque Pipo lui demande du miel, il lui crache de l'eau au visage.
Pipo, à son tour, va essayer de faire cette blague à Monsieur Loyal.

Dialogues de clowns (deux clowns se parlent)

Complète les dialogues suivants. Note, entre parenthèses, les gestes que doivent faire les clowns.

Nino. Comme tu es la reine des abeilles, quand je viendrai vers toi, tu me diras : « Donne-moi du miel ! », et je te donnerai du miel.

Pipo. Alors, je t'apporterai du miel. (.......................................).

Nino. Mais non tu n'as pas compris ! tu dois me dire : « Donne-moi du miel. »

Pipo. Me donner du miel ? Mais comment (..............................).

Nino. Je voltige de fleur en fleur (.......................................). J'arrive devant toi (.......................................).

Pipo. Oh vite ! (.......................................).

Pipo *(en colère)*. (.......................................).

Lire... Vite... Bien... Lire..

1 Lis à haute voix.

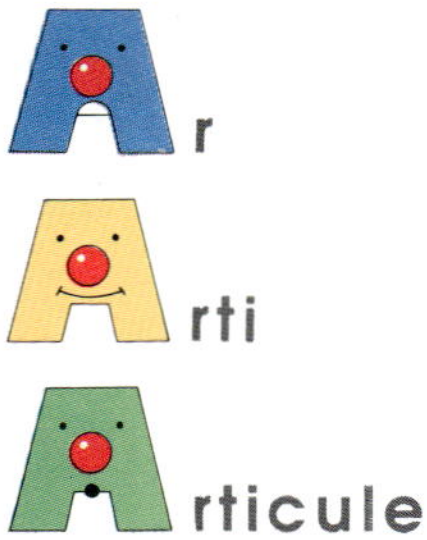

— Qui est-ce qui rit ?
— C'est le poireau ras.
— Qui est-ce qui rue ?
— C'est le poireau rond.
C'est le poireau ras rond
Qui sautille sur le pont
C'est le poireau rond ras
Qui s'en va au Sahara, halte-là !
Les poireaux
ne poussent pas par là !

Jacqueline Held (XXe s.),
Poiravéchiche, Éd. Grasset.

2 Récite plusieurs fois l'alphabet pour le savoir par cœur.

3 Trouve les lettres qui manquent dans cet alphabet.
Récris-le en le complétant.

a .... c .... d .... e .... g .... l .... m .... p .... q .... s .... t .... v .... w .... y .... .

4 Trouve quels groupes de lettres ne sont pas dans l'ordre alphabétique et replace-les correctement.

1	2	3	4
A B D E C	D E F G H	G I H K L	K L M N O
5	**6**	**7**	**8**
L O M N P	M N P Q O	O P Q T R	R S T U V

Vite... Bien... Lire... Vite...

5 Replace les mots de chaque série dans l'ordre alphabétique.

A	histoire	maçon	limace	balance	citron
B	chat	rocher	biberon	papier	goûter
C	os	dîner	avion	cadeau	habitant
D	salon	bruit	oiseau	devinette	guitare
E	peigne	livre	jouet	drapeau	cartable

6 Quels groupes de lettres te permettent d'écrire le mot encadré ?

A	**B**	**C**	**D**
bleu	thon	sucre	jardin
1. beut	**1.** ohut	**1.** cures	**1.** radjin
2. lueb	**2.** tohn	**2.** ursac	**2.** ajidin
3. elab	**3.** nath	**3.** rusec	**3.** jintar
4. ublu	**4.** hlon	**4.** ruser	**4.** drinje

7 Retrouve les mots de la liste suivante que tu peux faire avec ces lettres :

a e o p r s u .

peut - pied - moto - vrai - rue - savon - pose - tour - ours - mousse - pour - rose - soupe - poule - repos - sur - vert - parler

Écrire... Bien... Mieux...

1 Voici des noms de fruits :

abricot, pomme, pêche, poire, kiwi, clémentine, framboise, cerise, orange, fraise.

- Classe d'abord ces mots par ordre alphabétique.
- Continue cette phrase, en utilisant l'ordre alphabétique :
Au marché, on peut acheter beaucoup de fruits : des abricots, des ....
- Écris maintenant le nom des fruits que tu préfères et dis pourquoi :
De tous les fruits, je préfère les .... , parce que ....

2 Fais le même exercice avec des noms d'animaux.

- Au zoo, on peut voir des ....
- Mais moi je préfère les .... , parce que ....

3 Message chiffré.

On peut écrire un message avec des chiffres. Imagine que chaque nombre correspond à une lettre de l'alphabet, en les prenant dans l'ordre.

A	B	C	D	E	F	G	H	I	....
↓	↓	↓	↓	↓	↓	↓	↓	↓	
1	2	3	4	5	6	7	8	9	....

Par exemple le **10** correspond à la lettre **J**.

- À quelle lettre correspond le 16 ?
- Maintenant retrouve le message suivant :

3 15 14 14 1 9 19 - 20 21

13 15 14 19 5 3 18 5 20 ?

Cela s'appelle décoder un message.

- Écris un message secret avec des chiffres pour un camarade de classe.

Écrire... Bien... Mieux

4 Ces mots ne veulent pas dire la même chose quand ils passent du masculin au féminin : un voile, une voile
un moule, une moule.

• Dans cette liste, retrouve ceux qui peuvent changer de sens : mousse, forêt, tour, malade, page, vase, chaise.

• Écris une petite histoire en une ou deux phrases avec ces mots-là.

5 Trouve les mots qui se cachent derrière chaque définition.
Attention ! ils se prononcent de la même manière, mais n'ont pas la même orthographe.

1. « Celui de la girafe est très long. »
« Le footballeur en donne avec ses pieds. »

2. « On l'achète chez le boulanger. »
« C'est un arbre qui ressemble au sapin. »

3. « Il faut en mettre un à la fin d'une phrase. »
« C'est la main fermée. »

6 À ton tour, compose des définitions pour expliquer les mots :

glace - opération - pile -
cuisinière - vers / verre / vert -
mer / mère / maire - vol - bal / balle.

Attention ! N'oublie pas qu'un mot peut avoir plusieurs sens en gardant la même orthographe.

7 • Cherche tous les sens du mot « bouton ».
Tu peux utiliser un dictionnaire.

• Écris chaque fois une phrase qui explique de quel bouton on veut parler.
Par exemple : Il appuie sur le bouton de la sonnette.

JANVIER

Neige

Sur la musique du silence
dansent, dansent les flocons blancs
qui se balancent
et qui s'en vont…

Jacqueline Meriot,
Extrait de « *Neige* »,
Tous droits réservés.

Matin d'hiver

On s'éveille,
Du coton dans les oreilles
Une petite angoisse douce
Autour du cœur, comme mousse

C'est la neige
L'hiver blanc
Sur ses semelles de liège,
Qui nous a surpris, dormant.

Guy-Charles Cros,
Éd. L'artisan du livre.

Pour le jour de l'An

Ce matin nous voulons faire lever le soleil.
C'est le jour que je préfère, pour son gai réveil.
O ! frère Jacques qui t'obstines à frotter tes yeux,
Sonne, sonne les mâtines, en ce jour joyeux.

Maurice Chevais,
« *Chansons de quatre saisons* »,
Éd. Alphonse Leduc.

janvier :
Un mois de janvier sans gelée, jamais n'amène bonne année.

février :
Si février n'a ses bourrasques, tous les mois feront des frasques.

J'ai la fève

J'ai la fève et je suis roi.
La couronne est donc à moi.
Le roi boit, le roi boit,
J'ai la fève et je suis roi.

Soir d'hiver

1. Dans la brume et la tempête,
   Parmi les tourbillons blancs,
   Le vent hurle ainsi qu'une bête,
   Ou sanglote ainsi qu'un enfant.

2. On peut craindre qu'il n'emporte
   Notre vieux toit secoué.
   Il vient frapper à notre porte,
   Tel un voyageur égaré.

Poésie de **Pouchkine**.

FÉVRIER

Pierre et le loup

Ce conte a été écrit et mis en musique par un grand musicien russe, Serge Prokofiev. Il est très intéressant de l'écouter.

Lire

Un beau matin, le petit Pierre ouvrit la grille du jardin... et s'en alla dans les grands prés verts. Sur la plus haute branche d'un grand arbre, était perché un petit oiseau, ami de Pierre.

— Tout est calme, ici, gazouillait-il gaiement.

Un canard arriva bientôt en se dandinant, tout heureux que Pierre n'ait pas fermé la grille du jardin. Il en profita pour aller faire un plongeon dans la mare, au milieu du pré.

Apercevant le canard, le petit oiseau vint se poser sur l'herbe, tout près de lui.

— Quel genre d'oiseau es-tu donc, si tu ne peux voler ? dit-il en haussant les épaules.

À quoi le canard répondit :

— Quel genre d'oiseau es-tu, si tu ne peux nager ? Et il plongea dans la mare.

gazouillait : chantait.

Ils continuèrent à se disputer, le canard nageant dans la mare, le petit oiseau voltigeant le long de la berge.

Soudain, quelque chose dans l'herbe attira l'attention de Pierre. C'était le chat, qui approchait en rampant.

Le chat se disait : « L'oiseau est occupé à discuter ; je vais en faire mon déjeuner ! » et, comme un voleur, il avançait sur ses pattes de velours.

— Attention ! cria Pierre, et aussitôt, l'oiseau s'envola sur l'arbre, tandis qu'au milieu de la mare, le canard cancanait furieusement contre le chat.

Le chat, lui, rôdait autour de l'arbre en se disant : « Cela vaut-il la peine de grimper si haut ? Quand j'y arriverai, l'oiseau se sera envolé ! »

À ce moment, le grand-père apparut. Il était mécontent de voir que Pierre était allé dans le pré.

— C'est un endroit dangereux ! Si le loup surgissait de la forêt, que ferais-tu ? »

Pierre ne fit aucun cas des paroles de son grand-père. Des garçons tels que lui n'ont pas peur des loups. Mais le grand-père prit Pierre par la main, l'emmena à la maison et ferma à clé la grille du jardin.

voltigeant : volant et se posant de temps en temps.

Pierre ne fit aucun cas des paroles : Pierre n'écouta pas.

Il était temps ! À peine était-il rentré qu'un grand loup gris sortit de la forêt.

En un éclair, le chat grimpa dans l'arbre.

Le canard se précipita hors de la mare en cancanant.

Mais il avait beau courir, le loup s'approchait de plus en plus vite, de plus en plus près, plus près encore... Il attrapa le canard et n'en fit qu'une bouchée.

(suite p. 75)

Comprendre

1. Quels sont les personnages principaux de ce conte ?
2. Où se passe l'histoire ?
3. Pourquoi le canard et le petit oiseau se disputent-ils ?
4. Que veut le chat ?
5. Pourquoi le grand-père est-il mécontent ?
6. Que se passe-t-il quand le loup sort de la forêt ?

Lire

Et maintenant, voici où en étaient les choses : le chat était assis sur une branche...

L'oiseau posé sur une autre, à bonne distance du chat, bien sûr... tandis que le loup tournait autour de l'arbre en les fixant tous deux de ses yeux gourmands. Pendant ce temps, derrière la grille du jardin, Pierre observait la scène, sans la moindre frayeur.

Il courut à la maison, prit une grosse corde et grimpa sur le mur de pierre. Une des branches de l'arbre autour duquel tournait le loup passait par-dessus le mur. Pierre saisit cette branche et monta dans l'arbre. Pierre dit alors à l'oiseau :

— Vole très bas et tourne autour de la tête du loup, mais prends garde qu'il ne t'attrape.

De ses ailes, l'oiseau touchait presque la gueule du loup, qui faisait des bonds furieux pour essayer de le happer. Oh ! que l'oiseau agaçait le loup !

Que le loup avait envie de l'attraper !

Mais l'oiseau était bien trop adroit et le loup s'énerva en vain.

Pendant ce temps, Pierre avait fabriqué un lasso. En le laissant descendre tout doucement, il parvint à attraper le loup par la queue. Il tira de toutes ses forces. Se sentant pris, le loup se mit à faire des bonds sauvages pour tenter de se libérer.

Mais Pierre attacha l'autre extrémité de la corde à l'arbre.

Plus le loup bondissait, plus la corde se resserrait autour de sa queue.

à bonne distance : assez loin.

frayeur : peur.

happer : attraper et avaler.

en vain : pour rien.

l'extrémité : le bout.

C'est alors que les chasseurs sortirent de la forêt.

Ils suivaient les traces du loup et tirèrent des coups de fusil.

Du haut de l'arbre, Pierre leur cria :

— Ne tirez pas, le petit oiseau et moi, nous avons déjà attrapé le loup ! Aidez-nous à l'amener au jardin zoologique !

Et maintenant, imaginez la marche triomphale...

Pierre en tête, derrière lui, les chasseurs traînant le loup, et, fermant la marche, le grand-père et le chat.

Le grand-père, mécontent, hochait la tête :

— Ouais... et si Pierre n'avait pas attrapé le loup, que serait-il arrivé ? disait-il.

Au-dessus d'eux, le petit oiseau gazouillait gaiement :

— Comme nous sommes braves, Pierre et moi ! Regardez ce que nous avons attrapé !

Et, si vous écoutez très attentivement, vous entendrez le canard crier dans le ventre du loup, car, dans sa hâte, le loup l'avait avalé vivant.

braves : courageux.

dans sa hâte : en allant si vite.

Conte musical de **Serge Prokofiev** (XXe s.), *Pierre et le Loup*, Éd. Duculot.

Comprendre

1. Le loup a déjà dévoré le canard. Que veut-il maintenant ?
2. Quelle est la ruse inventée par Pierre ?
3. Pierre crie aux chasseurs de ne pas tirer. Où veut-il conduire le loup ?
4. Pourquoi peut-on encore entendre crier le canard ?
5. Le grand-père est toujours mécontent. Pourquoi ?

À toi de jouer

Fais un résumé

1. • Relis la première partie du conte et retrouve dans quel ordre arrivent les personnages.

• Ensuite, complète ce texte.

« Pierre et le petit oiseau sont ensemble dans le pré. Arrive bientôt .... en se dandinant. Soudain .... approche en rampant. Le .... apparaît, mécontent. À peine Pierre et le grand-père sont-ils partis, que .... sort de la forêt. »

2. Remets les phrases suivantes dans le bon ordre pour faire le résumé de la fin du conte.

a. C'est alors que les chasseurs arrivent.
b. L'oiseau agace le loup.
c. Pierre prend une corde et monte dans l'arbre.
d. Ils décident d'emmener le loup au zoo.
e. Avec son lasso, Pierre attrape la queue du loup.
f. Pierre fait le loup prisonnier.

Invente une autre fin

Imagine que Pierre n'ait pas réussi à attraper le loup avec le lasso.

• Voici trois fins possibles. Choisis celle que tu préfères.
a. Pierre se débrouille tout seul et trouve une autre ruse.
b. Les chasseurs viennent l'aider.
c. Le grand-père vient à son secours.

• Écris la fin que tu as choisie en trois ou quatre phrases.

« Pierre essayait d'attraper le loup, mais sans y parvenir ; le loup était bien trop malin. La nuit tombait. Soudain .... »

Une page de magazine :

TRUCS ET TRUQUAGES

La PUB à la TÉLÉ

Problèmes de Tournage

Tourner un film, ce n'est pas facile : il fait trop chaud et le gâteau fond, ou le bébé des couches anti-fuites tombe malade, ou bien le chat des croquettes Miaou a disparu. Aussi; c'est grâce à ses trucs, trucages et astuces que la pub réussit souvent l'impossible. Maintenant que tu es dans le secret, ouvre l'œil !

Parcours de chat

Si on veut que le chat suive un parcours précis, enfantin : on frotte le chemin tout au long avec de la sardine. Et si on veut que le minet s'arrête à tel endroit, un petit morceau de poisson frais est irrésistible. Attention cependant : les chats sont très indépendants, et souvent très peureux. On ne compte plus les matous qui s'enfuient en cours de tournage. Aussi, des « doublures » chat sont de rigueur.

Blanc de lait plus blanc

Le lait, c'est bon, c'est blanc. Ça doit même faire très blanc pour faire appétissant. Pour le rendre plus blanc que blanc, un truc : à la place du lait qui tourne sans te prévenir et ne fait pas très blanc, tu mets du « blanc d'Espagne ». C'est un liquide super-blanc avec lequel on écrit sur les vitrines « Soldes » ou « Fermé pour vacances ».

Crème de mousse

Oh ! Le beau gâteau, avec sa décoration en crème !
Seulement voilà : la vraie crème, ça ne tient pas à cause de la chaleur des éclairages, et puis le gâteau est tripoté dans tous les sens pendant le tournage. Alors, à la place de la crème, on met de la mousse à raser. Elle tient et en plus, elle fait plus vrai que la vraie. Avis aux farceurs !

Les Lois de la Pub

La pub, c'est sérieux et des lois spéciales définissent ce qu'on est autorisé, ou pas autorisé, à faire dans un film.

Il est interdit de montrer des personnages dans une situation qui pourrait être dangereuse dans la vie courante. Un enfant ne grimpe pas sur un échaffaudage de 25 chaises pour attraper le pot de confiture sur l'armoire : pas plus d'une chaise ! Ensuite, on ne croque pas le verre du pot, même si on est très très gourmand.
On peut dormir avec un vélo dans son lit (on ne risque rien) mais on ne peut pas descendre les 8 étages d'un immeuble avec.

D'après *Pub album*, TF1 Éditions.

Lire et observer

Quand tu lis un journal ou un magazine, tu regardes ce qui t'intéresse le plus. Pour cela il faut bien lire les titres qui t'aident à choisir.

Comprendre

1. Quel produit met-on à la place du lait pour qu'il soit plus blanc ?
2. Dans quel article as-tu trouvé la réponse à la **question 1** ?
3. Quel est le titre de l'article où tu apprends par quoi on remplace la crème d'un gâteau ?
4. Quelle astuce utilise-t-on pour qu'un chat suive un chemin précis ?
5. Peut-on montrer à la télévision un enfant en train de faire des choses dangereuses ? Pourquoi ?

À toi de jouer

Écris des articles

Dans les livres, les magazines, on trouve souvent des petites astuces pour présenter des objets, réussir des plats, nettoyer des vêtements.

Tu peux en écrire toi aussi quelques unes, de façon amusante.

- Choisis une idée parmi celles-ci :

- Comment colorer une fleur blanche en trempant la tige dans l'encre.
- Comment garder des fleurs séchées.
- Comment faire durer les bouquets de fleurs.
- Comment décorer un plat.
- Comment prendre soin de ses animaux.

- Trouve un titre.
- Explique en quelques lignes comment on peut s'y prendre.
- Tu pourras ensuite regrouper tes articles avec ceux de tes camarades pour composer une page et la communiquer à une autre classe.

Une maison bizarre

Lire

Un petit garçon, Hugo, rencontre Anne, une de ses amies. Il lui raconte l'histoire de sa nouvelle maison…

délabrée : très abîmée.

— Tout a commencé le jour où mes parents ont acheté cette drôle de vieille maison complètement délabrée. Les ronces grimpaient dans l'escalier et des hirondelles avaient construit leur nid dans la cheminée de la cuisine. Les fenêtres pendaient dans le vide et des coquelicots poussaient dans la baignoire de la salle de bains.

Mais au premier étage, au fond du grand couloir, il y avait une pièce... une pièce incroyablement bien conservée. Le toit était pourtant percé mais la pluie n'avait même pas sali le parquet. Tout luisait de propreté et sur le mur, le papier peint était si neuf qu'on aurait pu croire qu'il avait été posé la veille. Moi j'ai trouvé ça louche. Ce n'était pas normal une pièce aussi belle dans une maison inhabitée depuis tant d'années. Il y avait aussi les histoires que racontaient les voisins...

— Des histoires ?

— Ils disaient que c'était une maison bizarre, peut-être même hantée. La nuit, on entendait de drôles de bruits et un curieux bonhomme rôdait souvent dans le coin. Il entrait les bras chargés de rouleaux, restait des heures et quand il ressortait il n'avait plus rien...

Là, j'ai commencé à m'inquiéter sérieusement. Puis, un matin, les ouvriers sont partis. Les réparations étaient terminées et nous avons déménagé. [...]

(suite p. 82)

louche : bizarre.

hantée : habitée par des fantômes.

Comprendre

1. Qui raconte cette histoire ? À qui parle-t-il ?

2. Quand a commencé cette histoire ?

3. Cette maison est en mauvais état. À quoi le voit-on ?

4. Une seule pièce est bien conservée.
Pourquoi est-ce incroyable ?

5. Que racontent les voisins ?

Lire

j'ai fait tout mon possible : j'ai fait tout ce que je pouvais.

— Mes parents avaient décidé que l'on installerait ma chambre dans la drôle de pièce toute neuve. La première nuit, j'avais si peur que j'ai fait tout mon possible pour retarder l'heure du coucher. J'ai demandé à papa de m'expliquer un exercice de calcul, j'ai aidé maman à faire la vaisselle et j'ai même balayé le salon. Quand je suis monté dans ma chambre, j'étais tellement fatigué que je me suis endormi immédiatement. Mais, à mon réveil, c'était incroyable ! Tout, dans la pièce, avait changé de place. Mes patins à roulettes étaient sortis de leur boîte et traînaient sous mon lit. Mon cheval de bois, renversé sur le côté, était coiffé de ma casquette de hockey. J'ai retrouvé mon ballon de football en haut du placard, mes soldats de plomb dans le bocal du poisson rouge, mes voitures de course dans le tiroir à chaussettes et mon sac de billes au pied de mon lit.

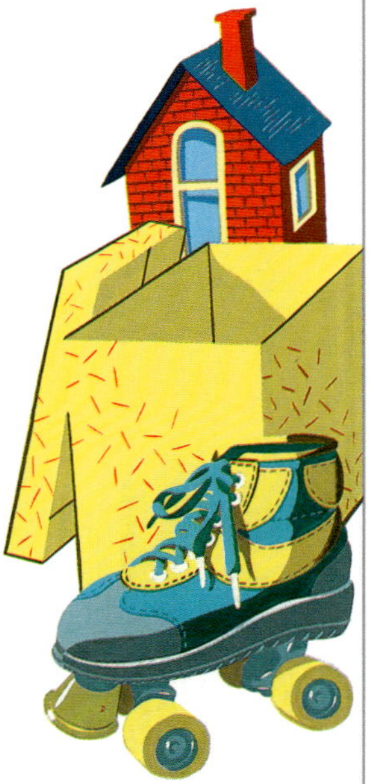

— Tu n'avais rien entendu ?

— Non.

— Et les volets ?

— Ils étaient fermés.

— La porte ?

— Elle était verrouillée.

verrouillée : fermée avec un verrou.

— Hm, hm, inquiétant. Moi, je crois qu'à ta place, j'aurais changé de chambre.

— Sans savoir qui se servait de mes jouets ?

D'après **Anne Sibran** (XXe s.),
Hugo et les lapins, Éd. Rageot.

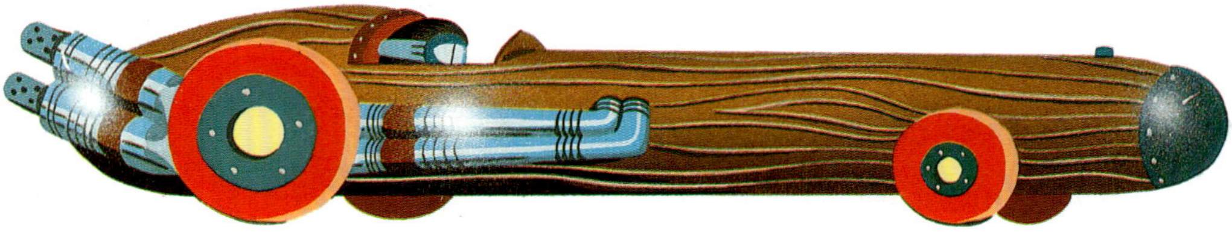

Comprendre

1. Qu'ont décidé les parents d'Hugo ?
2. Pourquoi Hugo a-t-il peur ?
3. Que fait-il pour retarder l'heure de se coucher ?
4. Que s'est-il passé pendant qu'il dormait ?
5. Hugo veut-il changer de chambre ? Pourquoi ?

À toi de jouer

Retrouve qui parle

• Relis le dialogue (lignes 42 à 50).

• Recopie chaque phrase, en écrivant devant, entre parenthèses, le nom du personnage qui parle. N'oublie pas le tiret !

« (Anne) — Tu n'avais rien entendu ?
.... — ....
....

Invente un dialogue

1. Qu'est-ce qu'Hugo pourrait bien dire au bonhomme qui sort de sa chambre ?
   • Cherche les questions d'Hugo, les réponses du bonhomme.
   • Écris ce dialogue.
   Pense bien à aller à la ligne, à mettre les tirets et tous les autres signes de ponctuation.
2. Hugo rencontre un ami qui a beaucoup d'idées sur ce qui se passe la nuit, dans la chambre d'Hugo.
   • Imagine et complète ce dialogue :

« — Je me demande bien ce qui se passe, la nuit, dans ma chambre.
— Moi, je suis sûr que ....
— ....
— Si ce n'est pas .... , c'est certainement ....
— ....
— .... »

Les affiches

document 1

document 2

Lire et observer

Les affiches annoncent des événements importants : spectacles, manifestations sportives, expositions, concerts...

Comme pour la publicité, sur une affiche, l'image est importante, mais le texte la complète en apportant des informations.

Comprendre

document 1

1. Quel événement annonce cette affiche ?
2. Où aura-t-il lieu ? Combien de temps va-t-il durer ?
3. Comment a-t-on appelé cet événement ?
4. Que représente l'illustration ?
5. Pourquoi a-t-on choisi ce dessin ? Quels liens trouves-tu avec le titre ?

document 2

1. Quel événement est annoncé le 21 juin ?
2. Que fait le personnage de l'affiche ?
3. Pourquoi a-t-on choisi ce dessin ? Quels liens trouves-tu avec le titre ?
4. Y a-t-il une autre façon d'écrire le premier mot de la phrase imprimée sur l'affiche ?
5. Que veut dire la phrase de l'affiche si tu l'écris : « Fête de la musique » ?

À toi de jouer

Fais une affiche

Imagine une affiche qui doit annoncer un spectacle ou une fête dans ton école.

- Trouve ce que vous allez présenter.
- Précise bien quel jour, à quelle heure, dans quel endroit aura lieu l'événement.
- Tu peux ajouter un slogan et faire un dessin pour rendre ton affiche plus belle.

Des mots et des dessins

Comprendre

1. Observe ce dessin. Que représente-t-il ?
2. Avec quoi sont dessinées les branches ?
3. Retrouve tous les mots que tu peux lire. Que remarques-tu ?

À toi de jouer

- Choisis un arbuste, un arbre que tu aimes.
- Dessine-le avec les lettres de son nom.

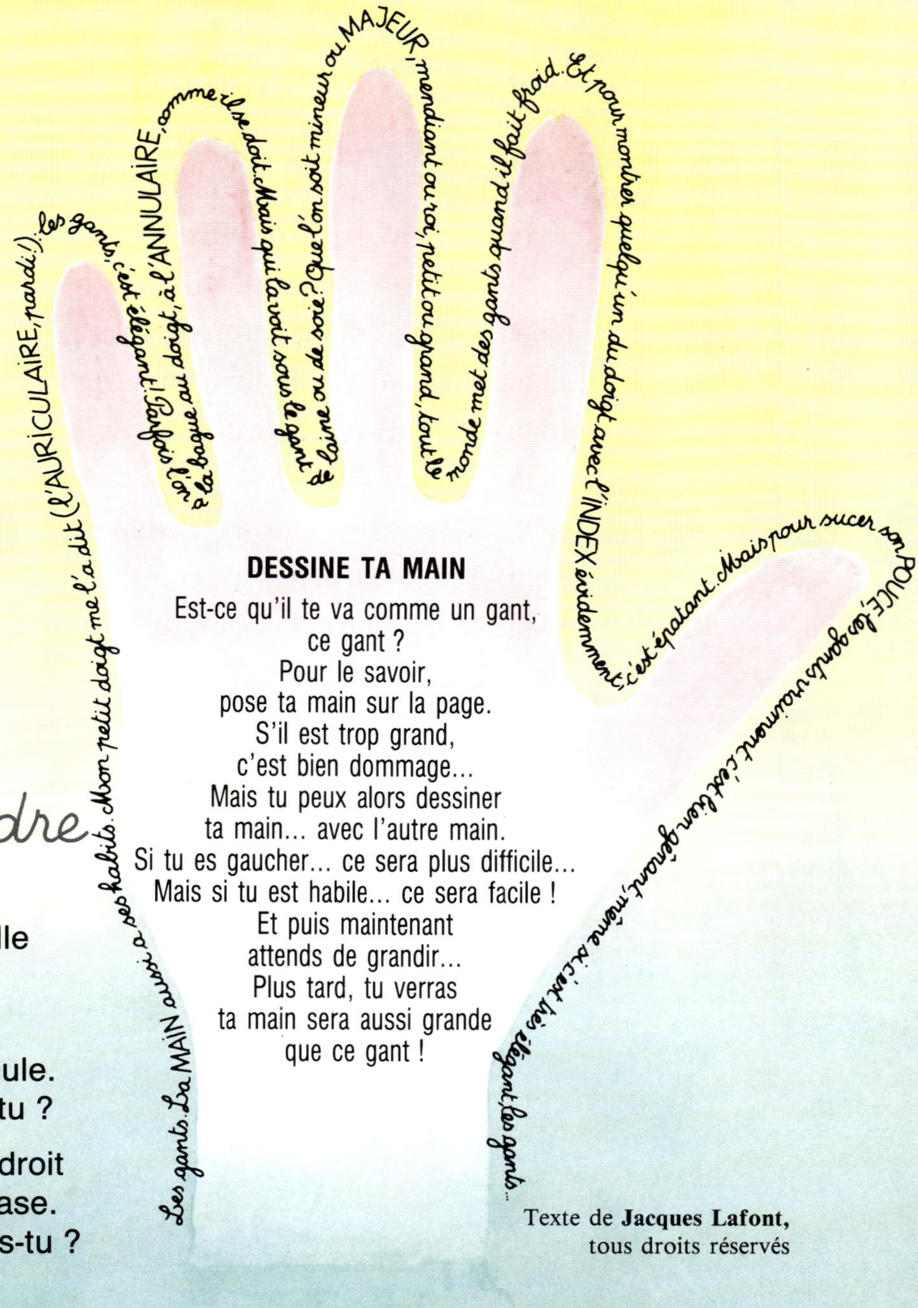

DESSINE TA MAIN

Est-ce qu'il te va comme un gant,
ce gant ?
Pour le savoir,
pose ta main sur la page.
S'il est trop grand,
c'est bien dommage...
Mais tu peux alors dessiner
ta main... avec l'autre main.
Si tu es gaucher... ce sera plus difficile...
Mais si tu est habile... ce sera facile !
Et puis maintenant
attends de grandir...
Plus tard, tu verras
ta main sera aussi grande
que ce gant !

Texte de **Jacques Lafont,**

Comprendre

1. Avec quoi cette main est-elle dessinée ?
2. Relève les mots écrits en majuscule. Que remarques-tu ?
3. Chaque doigt a droit à une petite phrase. Laquelle préfères-tu ?

À toi de jouer

- Cherche tout ce qu'on peut faire avec les doigts de la main. Fais une liste de tous ces mots.
- Dessine ta main. Écris autour du dessin de ta main une comptine en utilisant les mots que tu as trouvés.

  Écris par exemple ce que tes doigts aiment faire :
  « ... aiment bien gratter, chatouiller, jouer de la guitare... »

ENTRÉE DES CLOWNS

La guitare en anglais

Lire

Nino. Tiens, je vais jouer de la musique.

Pipo. Je vais jouer avec toi.

Nino. As-tu un instrument ?

Pipo. Bien sûr, j'ai un instrument !

Nino. Alors, ça va tout seul. Sais-tu seulement jouer ?

Pipo. Oui.

Nino. Dis-moi quelle est ta spécialité !

Pipo. Tous les instruments à corde.

Nino. Mais duquel joues-tu le mieux ?

Pipo. Des cloches.

Nino. Tu devrais essayer la guitare, c'est facile.

Pipo. Ça, c'est une très bonne idée.

Nino. Va à la barrière, demande une guitare au régisseur et reviens ici.

Pipo *(se dirige vers Monsieur Loyal).* Donnez-moi une guitare. *(Pipo attend. Le régisseur ne le regarde même pas. Il revient vers Nino. Montrant Monsieur Loyal.)* Il ne répond pas.

Nino *(surpris).* Qu'est-ce que tu lui as dit ?

Pipo. « Donnez-moi une guitare. »

Nino. Alors ?

Pipo. Il ne m'a pas répondu !

Nino *(se souvenant).* J'avais oublié, c'est un étranger !

Pipo. C'est un étranglé ?

Nino. Mais non ! Un étranger ! C'est un Anglais.

Pipo. Pourquoi donc est-il anglais ?

Nino. Cette question ! Parce qu'il est né en Angleterre !

Pipo. Ah bon ! Il est anglais parce qu'il est né en Angleterre. Ça c'est bizarre.

Nino. C'est au contraire très naturel. Quand on naît en France, on est français. En Espagne, espagnol. En Russie, russe.

Pipo. Et moi, alors ?

Nino. Eh bien ! Quoi ? Toi ! Alors ?

Pipo. Moi qui suis né dans une écurie, je suis un cheval ?

Nino. Non, toi, tu es français et tu cherches une guitare. Retourne donc voir ce monsieur et demande-lui une guitare en anglais et tu l'auras.

Pipo. Si ce n'est pas plus difficile que ça ! *(Il s'approche respectueusement de Monsieur Loyal.)* Bonjour, Monsieur. Voulez-vous avoir l'amabilité de me prêter une guitare en anglais, s'il vous plaît ?

(Monsieur Loyal tourne la tête et ne fait pas du tout attention à Pipo qui revient vers Nino.)

Nino. Alors, qu'est-ce que tu as dit ?

Pipo. Eh bien ! ... « Donnez-moi une guitare en anglais. »

Nino. Mais non, malheureux que tu es, il faut lui parler anglais !

(suite p. 91)

Comprendre

1. Que va demander Pipo à Monsieur Loyal ?
2. Comment Monsieur Loyal réagit-il ?
3. Comment faut-il parler à Monsieur Loyal pour se faire comprendre ?
4. Pipo obtient-il ce qu'il veut ? Pourquoi ?
5. Qu'est-ce qui est drôle dans sa dernière façon de demander ?

Lire

Pipo. Alors pour avoir une guitare, il faut parler anglais ? Mais qu'est-ce que je vais lui dire ?

Nino. Eh bien, voilà. Dis-lui simplement : « Please, give me a guitar. »

Pipo *(s'approchant du régisseur).* Police ! Police ! Give me a guitare !

Monsieur Loyal *(froidement).* You make a mistake, my boy !

Pipo *(joyeux, à Nino).* Ça y est, chouette ! On va avoir de la viande cette semaine.

Nino. Pourquoi ?

Pipo. Il dit qu'il va me donner des biftecks !

Nino. Mais non, il t'a dit que tu as fait une erreur. En anglais on prononce « mistake ».

Pipo. Dis-donc, il commence à m'agacer ton Anglais ! Tu vas voir comment je vais lui demander ma guitare. Il va comprendre ! *(Il retourne vers le régisseur.)* Donnez-moi une guitare en anglais ou je vous colle un coup de poing français sur le nez !

(Le régisseur en colère lui donne un coup de pied au derrière et une gifle. Pipo hurle et retourne en pleurant.)

Nino. Qu'est-ce qui se passe ?

Pipo. Il m'a donné une gifle ici et un coup de pied là !

Nino. Ah ! il a fait ça ? Je ne permets pas ! Viens avec moi, mon petit. *(Il prend Pipo par la main et le conduit devant le régisseur. À Monsieur Loyal.)* Pardon, Monsieur, vous vous êtes permis de frapper mon petit camarade ?

Monsieur Loyal. Parfaitement ! Et je suis prêt à recommencer s'il continue à m'ennuyer comme cela.

Nino *(menaçant).* Eh bien, Monsieur, avec moi ça ne se serait pas passé comme ça ! Voilà ce que j'aurais fait : Viens ici, Pipo ! *(Il prend Pipo par les bras, lui donne un coup de pied suivi d'une gifle. Pipo se frotte la joue, le postérieur, et recule.)* Vous avez donc osé lui donner une gifle comme ça et un coup de pied comme ça ? *(Nino recommence.)* Viens ici, mon ami, je suis là pour te défendre ! Vous vous êtes permis de lui donner un coup de pied par ici. *(Pipo reçoit le coup.)* Une gifle par là.

Pipo *(se frottant partout).* Arrête ! Arrête ! Il a compris maintenant. Il ne recommencera pas de sitôt. Laisse-le, va ! On ne peut pas discuter avec lui. Tu ne vois donc pas que c'est une brute ?

pas de sitôt : pas avant longtemps.

D'après **Tristan Rémy** (XXe s.),
Entrées clownesques, L'Arche Éditeur.

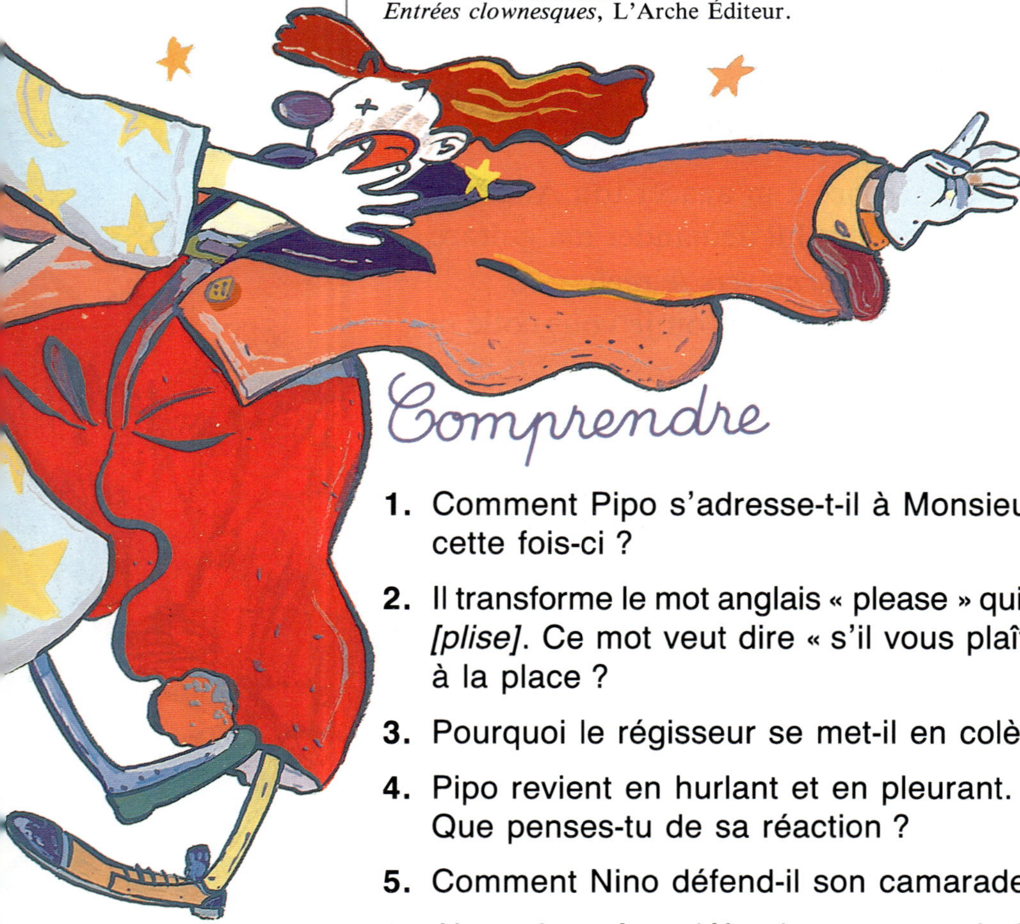

Comprendre

1. Comment Pipo s'adresse-t-il à Monsieur Loyal cette fois-ci ?
2. Il transforme le mot anglais « please » qui se prononce *[plise]*. Ce mot veut dire « s'il vous plaît ». Que dit-il à la place ?
3. Pourquoi le régisseur se met-il en colère ?
4. Pipo revient en hurlant et en pleurant. Pourquoi ? Que penses-tu de sa réaction ?
5. Comment Nino défend-il son camarade ?
6. Aimerais-tu être défendu comme cela ? Pourquoi ?

À toi de jouer

Jeux de scène

1. Faut-il une guitare pour jouer cette scène ? Pourquoi ?
2. Où dois-tu placer Monsieur Loyal pour que le jeu soit intéressant ?
3. Quel personnage reçoit des coups de tous les côtés ?

Expression orale, improvisation

Joue la scène correspondant à cette situation.

Mais, attention, sois prudent ! Les clowns font toujours « semblant » quand ils se battent. Ils ne se font jamais mal !

Les coups chez les clowns :

Ça s'est passé comme ça

Nino raconte à Pipo qu'il s'est disputé et battu avec quelqu'un. En disant ce qui lui est arrivé, il donne des coups à Pipo.

Par exemple : « Je lui ai donné une claque comme ça. Il m'a donné un coup de pied comme ça. »

Pour plus de sécurité les deux acteurs peuvent être à un ou deux mètres l'un de l'autre. L'un mime (imite) le coup qu'il donne, l'autre celui qu'il reçoit.

Dialogues de clowns

1. Tu as remarqué que Pipo ne sait pas raconter les histoires.
   - Choisis une poésie ou une histoire que tu connais par cœur.
   - Imagine comment Pipo pourrait la dire en se trompant sans arrêt.
2. Pipo comprend mal, il déforme les mots.
   - Imagine des dialogues où Nino dit quelque chose que Pipo transforme.

   Par exemple : « **Nino.** J'ai vu un rhinocéros.
   Pipo. Tu as vu un rhiféroce !
   Nino. Va me chercher un moule à gâteau !
   Pipo. Tu veux une poule à vélo ? »

   Tu peux continuer celui-ci ou en trouver d'autres.

Lire... Vite... Bien... Lire...

1 Lis à haute voix.

Ar

Arti

Articule

Le batteur-mixeur

Mixe - mixe rage
pour faire du fromage
Mixe mixe à l'aise
pour la mayonnaise
Mixe mixe au net
pour la vinaigrette
Mixe mixe reine
pour faire de la crème
Mixe mixe tout
pour la pâte à choux

Mais pour faire une omelette
je la bats à la fourchette.

Jacques Charpentreau (XXe S.),
La ville enchantée, Éd. de l'École.

2 Utilise les mots de chaque liste pour faire une phrase.
Recopie-la sans oublier la majuscule au début et le point à la fin.

a. promène fille se petite une
b. garçon est Arthur courageux un
c. dos porte papa sur me son
d. lettre donne nous facteur le une
e. noire la verts chatte souris les guette yeux aux

3 Retrouve dans la liste des phrases, celle qui est encadrée au début.

1	Moi, je regarde toujours par la fenêtre.

a. Moi je les regarde toujours par la fenêtre.
b. Moi, je regarde toujours par la fenêtre.
c. Moi, je regarde toujours par les fenêtres.
d. Moi, j'observe souvent les fenêtres.

2 Dans ma maison, dit Xavier, il n'y a pas de portes.

a. Dans ta maison, dit Xavier, il n'y a pas de portes.
b. Dans ma maison, dit Xavier, il y a plein de portes.
c. Dans ma maison, dit Xavier, il n'y a pas de portes.
d. Dans ces maisons, dit Xavier, on enlève les portes.

4 Classe les phrases qui parlent de la même chose. Tu dois obtenir deux groupes.

a. Prépare la pâte de la tarte.
b. Le chien a les pattes plus allongées que celles du chat.
c. Place les fraises dans le fond.
d. Il s'attache à son maître.
e. Mets au four vingt minutes.
f. Ses griffes sont usées parce qu'elles frottent sur le sol.

5 Remets les phrases dans le bon ordre.

a. Je me lève tout endormi.
b. Puis, je pars à l'école.
c. Mon réveil sonne à 7 h 30.
d. Ensuite, je prends mon petit déjeuner.
e. Je fais d'abord ma toilette.

6 Fais la même chose qu'à l'**exercice 5**.

a. Nous prenons un bus pour aller à la gare.
b. J'aide maman à préparer les valises.
c. Quelle joie de monter dans le train !
d. Nous fermons soigneusement la porte de la maison.
e. Aujourd'hui, nous partons en vacances.

Écrire... Bien... Mieux.

1 Avec ces trois listes de mots, écris le plus de phrases possible. Utilise un mot ou un groupe de mot dans chaque colonne.

A	B	C
il	court	insupportables
le chat	volent	vite
nous	rions	doucement
le soleil	deviennent	au bord de la mer
les petits oiseaux	se couche	nous offrir des gâteaux
elle	vient	au cinéma
ils	allons	dans la forêt

2 Continue les phrases que tu as trouvées à l'**exercice 1** pour en faire une petite histoire.

3 Tu peux aussi t'amuser à faire une phrase bizarre avec les mots des trois colonnes de l'**exercice 1.**

4 Une histoire en morceaux : retrouve-la !

Voici dans l'ordre le début des phrases.	Voici dans le désordre la fin de ces phrases.
a. Le soir, Théo est ...	... il ne retrouve pas sa moto préférée.
b. Sa maman a rangé tous ses jouets et...	... l'envoyer au lit ;
c. Et puis, sa maman veut...	... de très mauvaise humeur.
d. Mais Théo a ...	... Oh ! là ! là ! Quelle colère !
e. Alors Théo est en colère ...	... encore envie de jouer.

- Écris chaque phrase correctement et relis l'histoire.

Écrire... Bien... Mieux

• Invente et écris d'autres fins de phrases pour raconter une autre histoire.

Par exemple : Le soir, Théo est .... malade.
ou
Mais Théo a .... très content.

5 Réponds à chaque question en écrivant une ou deux phrases.

a. Si tu es une fille, aimerais-tu être un garçon ? Pourquoi ?
Si tu es un garçon, aimerais-tu être une fille ? Pourquoi ?

b. Que préfèrerais-tu : habiter en ville, à la campagne ? à la montagne ? ou près de la mer ? Pourquoi ?

c. Préfères-tu avoir un maître ou une maîtresse ?

d. Quel métier aimerais-tu faire, quand tu seras grand ?

6 Écris les questions qui correspondent à ces réponses. N'oublie pas le « ? » en fin de phrase.

a. Je pleure parce que j'ai mal aux dents.

b. Je suis allée me promener en forêt.

c. Je préfère la mousse au chocolat.

d. Cette année, nous sommes 25.

e. Je déteste les araignées.

7 Le jeu du **Pourquoi / Parce que.**

On peut jouer à 2 joueurs ou à 2 groupes.

• Le premier écrit sur 4 feuilles différentes 4 questions commençant par : « Pourquoi... ». *Par exemple :* Pourquoi le ciel est-il bleu ?

• Le deuxième écrit sur des feuilles séparées quatre réponses commençant par « Parce que... ».
Par exemple : Parce que mes chaussettes sont rayées.
Naturellement chacun écrit en secret.

• Ensuite on plie les feuilles dans chaque groupe.

• On tire une question, et une réponse...
On obtient souvent des phrases drôles. Amusez-vous bien !

MARS

Giboulée

1. La pluie tombe sur le lierre
Sur un ton décourageant.
La pluie tombe sans manières,
Bon dimanche les enfants.

Refrain

Giboulée peut-être,
Ciel éclaboussé,
Grêle à la fenêtre,
Vêtements cirés.
Giboulée peut-être,
Chemins inondés,
De la boue aux guêtres,
Allons patauger.

2. La rainette en la rivière
Saute et joue dans le courant.
L'escargot s'en va-t-en guerre ;
Pour ceux-là c'est le beau temps.

Refrain

J. Riondet et **Pierre G. Amiot**,
Vents de chez nous, Éd. du Scarabée.

J'ai descendu dans mon jardin

1. J'ai descendu dans mon jardin *(bis)*
Pour y cueillir du romarin.

Refrain

Gentil coquelicot, Mesdames, } *(bis)*
Gentil coquelicot nouveau.

2. J'en avais pas cueilli trois brins, *(bis)*
Qu'un rossignol vint sur ma main.

Refrain

3. Il me dit trois mots en latin : *(bis)*
Que les hommes ne valent rien !

Refrain

4. Que les hommes ne valent rien, *(bis)*
Et les garçons encor'bien moins.

Refrain

5. Des dames, il ne me dit rien. *(bis)*
Des demoisell's, beaucoup de bien !

Refrain (ter)

Mars qui rit
malgré les averses prépare en secret le printemps.

En avril
ne te découvre pas d'un fil.

Après tout ce blanc vient le vert,
Le printemps vient après l'hiver,
Et après la pluie le beau temps.

Claude Roy,
Farandoles et fariboles,
© La Guilde du Livre.

Printemps

Chante
Printemps
L'oiseau
Batifole
L'herbe
Folle
Sourit

La fleur
Endormie
S'étire
Gaiement

Chante
Printemps.

Anne-Marie Chapouton,
Poèmes petits,
Éd. de l'École.

Chant de printemps

1. Quand revient le gai printemps, la forêt s'éveille :
Les oiseaux, à pleine voix, sifflent, trillent dans les bois.
Quand revient le gai printemps, la forêt s'éveille.

2. La fauvette et le pinson chantent à tue-tête :
La nature reverdit, bientôt reviendront les nids.
La fauvette et le pinson chantent à tue-tête.

3. Fais comme eux, chante bien haut que la vie est belle :
Aurais-tu plus de soucis, trop de peine ou trop d'ennuis.
Fais comme eux, chante bien haut que la vie est belle.

D'après **Luc d'Ariel**.

AVRIL

Nanasse et Gigantet

Pierre Gripari est l'auteur de ce conte. C'est lui qui a écrit les Contes de la rue de Broca. *Il écrivait avant tout pour les enfants.*
Tu remarqueras qu'on ne lit pas cette histoire dans le même sens que d'habitude.

Lire

Il était une fois un géant si petit, si petit, qu'il n'était pas plus grand qu'un homme. C'est pourquoi on l'appelait Gigantet.

Il était une fois une naine si grande, si grande, qu'elle était de la taille d'une femme. C'est pourquoi on l'appelait Nanasse.

Nanasse et Gigantet faisaient, l'un comme l'autre, le désespoir de leurs parents. À chaque repas, dans les deux familles, c'étaient toujours les mêmes scènes :

le désespoir : la tristesse et la colère en même temps.

— Mais finis donc de manger ton éléphant ! disait Maman Géante. Tu as à peine grignoté le bout d'une patte !

— Comment ! Tu as déjà mangé deux sauterelles et tu en demandes une troisième ? disait Maman Naine.

— Je n'ai plus faim, disait Gigantet.

— J'ai encore faim ! disait Nanasse.

— Allons, sois raisonnable et force-toi un peu, disait Papa Géant. Sinon, comment veux-tu tenir le coup ?

— Cette enfant nous ruinera, disait Papa Nain. On se demande où elle peut bien mettre tout ce qu'elle mange !

tenir le coup : rester en forme.

Voyant que leur fils ne grandissait pas, les parents de Gigantet consultèrent le médecin de famille.

Voyant que leur fille grandissait toujours, les parents de Nanasse firent exactement la même chose.

— Si cet enfant ne grandit pas, c'est qu'il ne mange pas assez, dit le Docteur Gigantus.

— Si cette enfant grandit comme ça, dit le Docteur Nanus, c'est parce qu'elle mange trop !

— Ah ! tu vois bien ! dirent les parents, c'est ce que nous te répétons tous les jours.

— Ah ! tu vois bien ! dirent les parents, c'est ce que nous te répétons tous les jours.

— Tenez docteur, pas plus tard qu'hier, un pauvre petit éléphanteau de rien du tout, il l'a laissé presque entier dans son assiette !

— Tenez docteur, pas plus tard qu'hier, elle a mangé trois sauterelles ! Et si nous l'avions écoutée, elle en mangeait une quatrième !.

— C'est bien ce que je disais, dit le docteur.

— C'est bien ce que je disais, dit le docteur.

— Mais que faire, docteur ? s'écrièrent les parents.

— Mais que faire, docteur ? s'écrièrent les parents.

— Il faut le faire manger de force, afin qu'il grandisse comme il faut.

— Il faut l'empêcher de manger pour qu'elle cesse enfin de grandir !

cesse : arrête.

Les parents remercièrent le docteur, et suivirent mot à mot ses conseils.

Ils forcèrent Gigantet à manger. Gigantet mangea donc, mangea, mangea, tomba malade, mais il ne grandit pas.

Ils mirent Nanasse à la diète. Nanasse ne mangea plus, maigrit, maigrit, mais ne cessa pas de grandir.

Devant la mauvaise volonté de leurs enfants, les parents se lassèrent, perdirent patience, et prirent finalement la décision de les abandonner.

« Ce garçon nous fait honte, pensaient-ils, il nous rend ridicules aux yeux de tous nos amis ! »

« Cette fille, pensaient-ils, avec son appétit, nous mettra sur la paille. C'est une calamité, un désastre. »

nous mettra sur la paille : nous rendra pauvres.
une calamité : une catastrophe.

Afin de mieux les perdre, ils les emmenèrent dans la campagne, une belle campagne avec des arbres, des chemins, des champs, des prés, des bois et des villages.

Papa Géant prit dans chaque main une mèche des cheveux de Maman Géante, et tous les deux se transformèrent en poteaux télégraphiques.

Papa Nain mit un grand chapeau rouge à pois blancs, Maman Naine fit de même, et tous deux se changèrent en champignons.

— Papa ! Maman ! Où êtes-vous ? Revenez ! crièrent Nanasse et Gigantet. [...]

(suite page 104)

Comprendre

1. Comment s'appelle le géant de ce conte ? Ce n'est pas un géant comme les autres. Pourquoi ?
2. Qui est Nanasse ? Pourquoi n'est-elle pas comme toute sa famille ?
3. Pourquoi les parents de Gigantet consultent-ils un médecin ? Et ceux de Nanasse ?
4. Quels sont les conseils du Docteur Gigantus ? Et ceux du Docteur Nanus ?
5. Que décident les parents ?

Lire

Nanasse et Gigantet appelèrent encore, crièrent de toutes leurs forces, et toujours pas de réponse.

Alors Gigantet s'assit sur une grosse pierre et se mit à pleurer.

Alors Nanasse, en pleurant, se laissa tomber, assise, sur l'herbe verte.

Quand ils virent que pleurer ne leur servait à rien, ils se relevèrent, se mouchèrent, puis marchèrent tout droit devant eux. Ils arrivèrent au bord d'un fleuve.

Gigantet, qui était en aval, remonta le courant.

Nanasse, qui était en amont suivit le courant.

remonta le courant : marcha vers la source de la rivière.

Par bonheur, ils étaient tous les deux sur la même rive. Sans cela, cette histoire n'aurait jamais pu être écrite.

Quand il eut marché un peu plus d'un kilomètre, Gigantet rencontra Nanasse.

Quand elle eut marché un peu moins d'un kilomètre, Nanasse rencontra Gigantet.

Ils se virent, se sourirent, se plurent, et se demandèrent l'un à l'autre :
— Qui es-tu ? Comment t'appelles-tu ?

— Moi, dit Gigantet, je m'appelle Gigantet et je suis un géant.

— Moi, dit Nanasse, je m'appelle Nanasse, et je suis une naine.

Et chacun répondit à l'autre :
— Eh bien, on ne le dirait pas !
— Je le sais bien, répondit chaque autre, c'est pour cela que mes parents m'ont perdu !

— Ils m'ont perdu parce que je suis trop petit et que je leur fais honte, dit Gigantet.

— Ils m'ont perdue parce que je suis trop grande et c'est une ruine, dit Nanasse.

c'est une ruine : ça coûte trop cher.

— Mais pas du tout, pas du tout ! se répliquèrent-ils l'un à l'autre :

— Tu es aussi grande que moi, c'est une très bonne taille ! dit Gigantet.

— Tu es aussi petit que moi, dit Nanasse, et je trouve ça très bien !

— Tes parents n'y connaissent rien et les miens non plus : nous sommes tous les deux très bien comme nous sommes !

Et il y eut un grand silence...

— J'ai une idée, dit Gigantet, mais je n'ose pas te la dire...

— Comme c'est curieux ! dit Nanasse. Moi aussi...

Et tous les deux pensaient : « Nous avons peut-être la même idée... »

Pierre Gripari (XXe s.),
Nanasse et Gigantet, Éd. Grasset.

Comprendre

1. Pourquoi Nanasse et Gigantet pleurent-ils ?
2. Ils marchent tous les deux sur la même rive. Pourquoi est-ce important ?
3. Nanasse et Gigantet pensent qu'ils sont différents l'un de l'autre. Pourquoi ?
4. Mais ils se ressemblent aussi. Pourquoi ?
5. Comment se termine l'histoire ?

Observe la disposition du texte entier (pages 100 à 106).

1. Essaie de lire seulement ce qui est écrit en gras. Comprends-tu l'histoire ?
2. Essaie de lire seulement la colonne de droite. De qui parle-t-on ?
3. Et dans la colonne de gauche ?
4. Par quel signe de ponctuation commencent presque toutes les phrases écrites en colonne ? Pourquoi ?
5. Relis les pages 102 et 103.
Retrouve dans ce conte les paragraphes qui sont exactement les mêmes à droite et à gauche.

À toi de jouer

Retrouve la place de ce texte

Ce morceau de texte a été découpé et enlevé du conte que tu viens de lire.

Mais il n'y avait plus que deux poteaux, qui grésillaient doucement.	Mais il n'y avait plus que deux petits champignons rouges tachetés de blanc.

— Papa, où te caches-tu ? Maman où te caches-tu ? Pas de réponse.

	Et les deux champignons étaient bien incapables de devenir autre chose que des champignons !

- Essaie de retrouver où il faut replacer ce morceau dans le texte des pages 100 à 106.
- Quel signe de ponctuation indique, dans le conte, qu'on a coupé un morceau du texte ?
- Des phrases ont été effacées dans la colonne de gauche. Essaie de les trouver. Écris-les.

Invente la fin de cette histoire

- Imagine quelle est l'idée qu'a trouvée Nanasse, et celle de Gigantet.
- Écris comme Pierre Gripari. Place tes phrases de la même façon.

« Et tous les deux pensaient : « Nous avons peut-être la même idée... »

— J'aimerais tant, dit Gigantet, ...	— J'aimerais tant, dit Nanasse, ...

Et tous les deux .... »

Une page d'encyclopédie :

LES INSTRUMENTS À VENT

Lire et observer

Il existe un très grand nombre d'instruments de formes différentes et qui ne fonctionnent pas de la même manière.

On ne joue pas de la même façon du tambour et de la guitare.

Certains instruments possèdent des cordes qu'on fait vibrer, d'autres possèdent des tubes dans lesquels on souffle. Sur d'autres enfin, on frappe pour obtenir un son et produire un rythme.

On appelle **instruments à cordes** ceux qui ont des cordes qu'on fait vibrer (comme la guitare ou le violon).

On appelle **instruments à vent** ceux qui ont un (ou des tubes) dans lesquels on souffle de l'air (comme la flûte ou la trompette).

On appelle **instruments à percussion,** ceux sur lesquels on frappe avec la main ou avec des baguettes (comme le tambour, la grosse caisse, le tambourin ou les castagnettes).

La bouteille musicale

Tu peux produire un son en soufflant dans une bouteille en verre. Colle pour cela le goulot à ta lèvre inférieure en tenant la bouteille verticalement. Le son que tu entends vient de l'air qui vibre à l'intérieur.

Verse de plus en plus d'eau dans la bouteille. Il y aura de moins en moins d'air qui vibrera, et le son deviendra de plus en plus aigu.

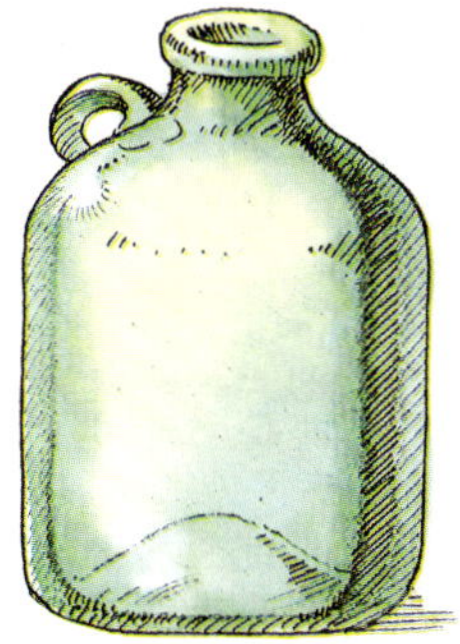

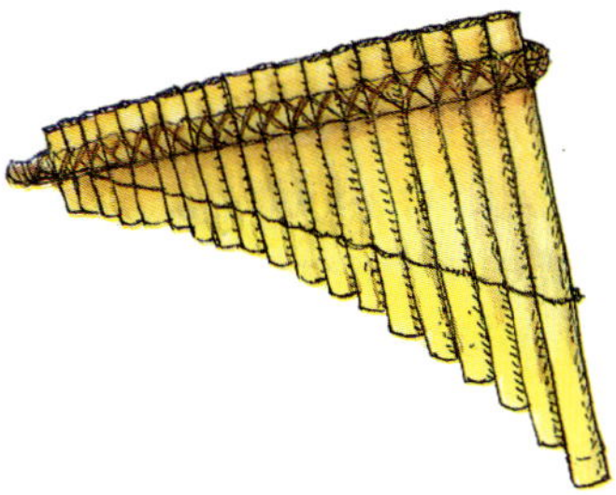

La flûte de pan

C'est un assemblage de tuyaux de longueurs différentes qui donnent chacun une note.

Le plus long produit la note la plus grave, le plus court la note la plus aiguë.

La flûte traversière

La flûte n'a qu'un tuyau.

Mais sur le côté, il y a de petites ouvertures que le joueur peut boucher avec les doigts.

Quand toutes les ouvertures sont bouchées, il y a plus d'air enfermé à l'intérieur, la note est plus grave. Lorsqu'elles sont ouvertes, c'est comme si le tuyau était plus court et la note est plus aiguë.

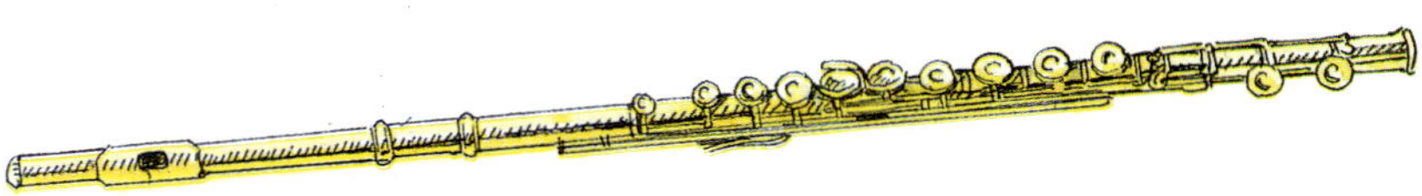

Les instruments à vent

LES BOIS

Certains instruments comme la clarinette, le hautbois ou le basson sont appelés des bois, parce qu'autrefois, le tube était en bois.

Ces instruments ont souvent de petites languettes de bois qui vibrent lorsque le joueur souffle.

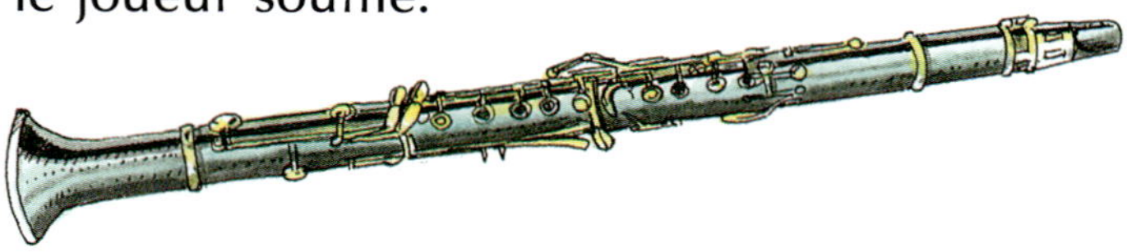

LES CUIVRES

On appelle ainsi les instruments (trompette, trombone, cor, tuba...) qui sont en cuivre (c'est un métal).

Certains cuivres, comme le tuba, ont de très longs tubes, enroulés sur eux-mêmes, pour tenir moins de place.

INSTRUMENTS À SACS

Enfin, dans certains instruments, l'air entre dans un sac.

Par exemple, le joueur de cornemuse souffle de l'air dans un sac qu'il presse. Cet air sort ensuite par des tuyaux plus ou moins longs, qui produisent des sons différents.

Comprendre

1. Pourquoi ces instruments s'appellent-ils des instruments à vent ?
Quelle partie du texte t'aide bien à le comprendre ?

2. Qu'est-ce qui produit un son aigu : un tuyau long ou un tuyau court ?

3. Trouve le nom d'un instrument composé de plusieurs tuyaux droits.

4. Pourquoi certains tubes sont-ils enroulés sur eux-mêmes ?
Dans quel paragraphe as-tu trouvé la réponse ?

5. Trouve un instrument qui possède un sac dans lequel on souffle. À quoi sert ce sac ?

À toi de jouer

Construis un tableau

1. Essaie d'organiser les réponses aux questions ci-contre.
Pour cela, regroupe-les dans un tableau comme celui qui est au bas de cette page.
Complète-le.

2. Maintenant, intéresse-toi aux instruments à cordes.

• Tu peux chercher des renseignements dans des encyclopédies ou des livres de musique.

• Classe ce que tu trouveras et présente-le dans un tableau où tu écriras :
- le nom des instruments,
- leur forme,
- la manière d'en jouer.

un tuyau droit	plusieurs tuyaux droits	un tuyau avec des petites languettes de bois	un tube enroulé	un sac qu'on remplit d'air
la flûte	....	....	....	....
....	....	....	....	....
....	....	....	....	....
....	....	....	....	....
....	....	....	....	....

Alain et Alex

Lire

Il était une fois deux maisons.
Deux maisons aussi différentes
que deux maisons peuvent être différentes.
La première était toute sage et toute bien en ordre.
La deuxième était toute folle et toute en désordre.
Dans ces deux maisons vivaient deux garçons.
Deux garçons aussi différents
que deux garçons peuvent être différents.

Le garçon de la première maison s'appelait Alain.
Et ce nom-là lui allait bien,
car Alain restait toujours à l'intérieur.
C'était un garçon sérieux et travailleur.
À l'intérieur de sa maison toute bien en ordre,
Alain travaillait toute la journée.
Quand il avait fini de travailler, il rangeait.
Quand il avait fini de ranger, il re-travaillait.

Si une chaussette dépassait de ses tiroirs,
ça faisait toute une histoire.
Et si un chiffre dépassait de ses additions,
ça faisait toute une chanson.
Autour de la maison d'Alain,
il y avait un très beau jardin.
Mais Alain n'y allait jamais.
Même quand sa maman passait l'aspirateur,
Alain restait à l'intérieur.

Le garçon de la deuxième maison s'appelait Alex.
Et son nom lui allait aussi très très bien.
Car Alex était toujours à l'extérieur.
Alex était tout le contraire d'Alain :
pas du tout sérieux et pas du tout travailleur.
Alex rigolait à l'extérieur toute la journée.
Quand il avait fini de grimper aux pommiers,
il sautait dans les flaques à pieds joints.
Et quand il avait fini de chatouiller ses lapins,
il shootait dans sa boîte de conserve préférée.

ça faisait toute une histoire
ça faisait toute une chanson : on en parlait beaucoup.

S'il devait faire ses devoirs,
ça faisait toute une histoire.
S'il fallait réciter ses leçons,
ça faisait toute une chanson.
Et quand sa mère l'appelait pour son bain,
Alex se cachait dans le jardin.
Même quand il pleuvait, même quand il neigeait,
Alex restait à l'extérieur !

Puis un jour, voilà ce qui arriva.
À force de shooter plus haut, toujours plus haut,
dans sa boîte de conserve préférée,
Alex lui fit prendre le chemin de la fenêtre d'Alain.
Et shpploinggg ! Le carreau explosa.
Alain, qui était tranquillement assis à l'intérieur,
en train d'apprendre ses leçons par cœur,
eut une de ces peurs ! [...]

(suite page 115)

Comprendre

1. Quels sont les prénoms des deux garçons ?
Que remarques-tu quand tu les prononces ?
2. Qu'aime faire Alain ?
Où aime-t-il être ?
3. Alex lui ressemble-t-il ?
Pourquoi ?
4. Relis les lignes 9, 10, 11 et 26, 27, 28.
Maintenant, tu comprends mieux pourquoi Alain et Alex sont des prénoms qui vont bien aux deux garçons. Explique-le.
5. Relis les derniers mots de chaque ligne à voix haute.
Que remarques-tu ?

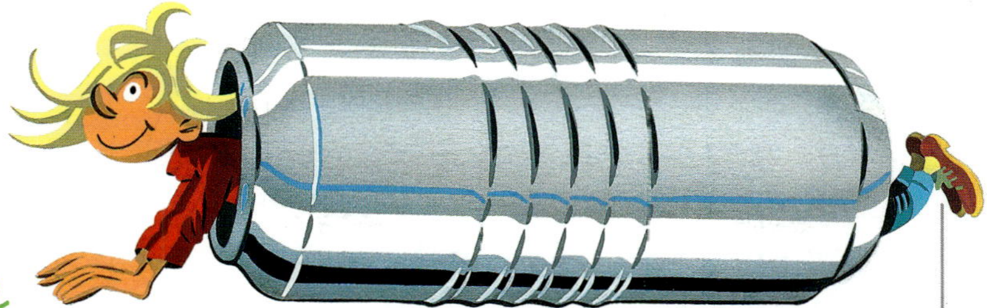

Lire

Alex vient récupérer la boîte de conserve chez Alain, et ils se rencontrent pour la première fois.

Alex dit à Alain :
— Elle est rudement bizarre ta chambre !
Comment tu fais pour ne pas t'ennuyer
dans une chambre aussi bien rangée ?
Alain répondit à Alex :
— Rudement bizarre toi-même, mon gars !
Si tu connaissais toutes les merveilles
qu'il y a à l'intérieur de ma chambre,
tu ne voudrais plus jamais la quitter !
Et Alain montra à Alex ses albums,
ses soldats de plomb, ses timbres,
ses maquettes d'avions et d'hélicoptères,
son dictionnaire, ses mots croisés, son herbier,
sa collection de papillons, ses livres d'école,
ses cahiers de leçons...

Comme Alex commençait à bâiller,
Alain lui raconta le bouquin très rigolo
du chameau qui boit du Pschitt et qui fait un rototo.
Alex adora cette histoire.
Il dit : — Oh ! J'adore cette histoire !
Alors Alain eut une idée :
— Je te prête le livre. Si tu veux, tu peux l'emporter...
Du coup, l'idée d'Alain donna une idée à Alex :
— D'accord, tu me prêtes le livre et moi je vais te prêter
quelque chose de chez moi en échange.
Et pour la première fois de sa vie,
Alain accompagna Alex à l'extérieur,
dans son jardin.

rudement bizarre : très bizarre.

un herbier : un cahier où l'on fait sécher des fleurs et des plantes.

Alain dit à Alex :
— Il est rudement bizarre ton jardin !
Comment tu fais pour t'y retrouver
dans un jardin aussi mal rangé ?...
Et Alex montra à Alain son arbre-escalier,
son trou d'obus, sa mare aux têtards,
sa cabane d'Indiens, son garage à vélos,
sa collection de tonneaux,
ses trois chiens si affectueux,
ses escargots tout baveux...

Comme Alain commençait à vouloir rentrer chez lui,
Alex lui présenta enfin sa famille de lapins.
C'était une famille très nombreuse
installée dans une voiture abandonnée.
Alain adora ces lapins.
Il n'en avait jamais vu en vrai.
Il dit :
— Oh ! J'adore ces lapins !
Alors Alex eut une idée :
— Je te prête un lapin.
Si tu veux, tu peux l'emporter...

D'après **Fanny Joly** (XXe s.),
Les Belles Histoires 1990, Bayard Presse.

Comprendre

1. Pourquoi Alex trouve-t-il la chambre d'Alain bizarre ?
2. Quelles sont les merveilles qu'Alain range dans sa chambre ?
3. Quel objet Alain prête-t-il à Alex ?
4. Pourquoi Alain trouve-t-il le jardin d'Alex bizarre ?
5. Quelles sont les merveilles d'Alex ?
6. Quel animal Alex prête-t-il à Alain ?

À toi de jouer

Caractérise les personnages

Relis le texte pages 112 et 113.

- Fais la liste de ce qu'Alain aime faire.
  « Alain aime travailler, ranger, ... »
- Fais la liste de ce qu'Alex aime faire.
  « Alex aime .... »

Imagine des personnages

Imagine deux garçons (ou deux filles) très différents
l'un de l'autre et décris-les.

Par exemple : - Un enfant gourmand et un bricoleur.
- Un coléreux et un qui fait des farces.
- Un passionné de jeux vidéo et un qui aime les animaux.

- Cherche tout ce que fait le premier.
- Cherche tout ce que fait le second.
- Trouve-leur des prénoms qui leur vont bien.
- Décris-les, comme dans le texte :

  « Quand il avait fini de ....
  il (ou elle) ....
  et quand il (ou elle) ....
  il (ou elle) ....
  Si .... devait ....
  alors ça faisait toute une ....
  Si .... devait ....
  alors ça faisait .... »

Raconte ce que tu aimes faire

- Fais la liste de tout ce que tu aimes faire et la liste de ce que tu n'aimes pas.
- Utilise, si tu veux, le même modèle pour l'écrire.

Les illustrations de textes

illustration 1

illustration 2

Lire et observer

La bande dessinée, la publicité et l'affiche utilisent une ou des images, mais aussi du texte.

L'illustration est une image. Mais souvent, elle est là pour essayer d'expliquer un texte, ou pour l'accompagner.

Comprendre

Voici (page 118) deux illustrations du conte *Pierre et le loup* que tu as lu pages 72 à 75. Elles ont été réalisées par deux personnes différentes. Observe-les attentivement.

illustration 1

1. Quels personnages du conte retrouves-tu ?
2. Raconte ce que font ces personnages.
3. Retrouve le passage du conte (des pages 72, 73 et 75) qui correspond à ce dessin. Note les numéros de lignes.

illustration 2

1. À quel moment de la journée et à quelle saison cette illustration te fait-elle penser ?
2. Observe bien les couleurs. Que penses-tu de l'intérieur de la maison ? Et de l'extérieur ?
3. Est-ce que cette illustration te fait penser à un passage précis du conte ? Si oui, lequel (note les lignes) ? Si non, pourquoi ?

illustrations de ce livre

De ces trois illustrations (pages 72, 73, 74 et 75), quelle est celle que tu préfères ? Pourquoi ?

À toi de jouer

Voici quelques passages de contes que tu connais.

Le Petit Poucet
Lorsque les enfants furent seuls dans la forêt, ils eurent très peur. Le Petit Poucet grimpa en haut d'un arbre, il vit alors la petite lumière d'une maison.

Le Chat botté
Quand le roi passa près de la rivière, le Chat botté cria :
— Au secours ! Monsieur le marquis de Carabas se noie !

Cendrillon
La fée prit une citrouille qu'elle transforma en un beau carrosse tout doré. Puis, six souris devinrent ses chevaux.

- Choisis celui que tu préfères et imagine une illustration.
- Dessine-la.

Jouer avec les mots

Lire

Le ragondin

Un ragondin ragondait
Les gontes de mille et une gouttes
Aux grenouilles qui égoutaient
Gaptivées en gassant la groûte.

Jean-Hugues Malineau (XXe s.),
Pas si bête, Éd. l'École des loisirs.

Puzzle

Syllabe 1 : é,
Syllabe 2 : lé,
Syllabe 3 : phant.

Avec du papier collant,
Tu obtiens un éléphant.

Syllabe 3 : phant,
Syllabe 1 : é,
Syllabe 2 : lé.

Si le colleur s'est trompé,
Éléphant est faon ailé.

Pierre Coran (XXe s.),
Jaffabules, Livre de Poche, Éd. Hachette.

Le o et la dactylo

Une dactylo
Tape, tape, tape.

Une dactylo
Tape, tape trop.

Un des doigts dérape
Sur le mot « oiseaux ».
Il a tapé c,
N'a pas tapé o.

Ciseaux, aussitôt,
S'envolent, s'affolent
Dans les mèches folles
De la dactylo

Qui, sans hésiter,
En gommant le c,
A la tête sauve.

Si la dactylo
N'eût pu taper o.
Elle eût été chauve.

Pierre Coran (XXe s.),
Jaffabules, Livre de Poche,
Éd. Hachette.

Pour ton information

En poésie, on peut jouer avec les mots : les découper, les transformer, changer des lettres, les changer de place...

Comprendre

« Le ragondin »

Un ragondin est un gros rat aux pattes palmées qui vit dans les rivières.

1. Observe le mot « ragondait » dans le premier vers.
Change deux lettres et tu trouveras un verbe bien connu.
Lequel ?

2. Observe tous les autres mots bizarres de ce poème.
Que leur est-il arrivé ?
Écris-les en remplaçant la mauvaise lettre par la bonne lettre.

« Le o et la dactylo »

Une dactylo est une personne qui tape à la machine.

1. La dactylo s'est trompée ; quelle lettre a-t-elle tapé à la place du o ?

2. Qu'a-t-elle écrit à la place du mot « oiseaux » ?

À toi de jouer

Comme dans « Le ragondin »

1. Réécris un poème dont le titre serait « Le rajondin ».
Retrouve bien quelle lettre tu dois changer.

2. Tu peux essayer d'écrire d'autres poèmes en changeant d'autres lettres.

Comme dans « Le o et la dactylo »

1. La dactylo doit écrire le mot « foule ». Elle change la première lettre.
Cherche tous les mots qu'elle peut écrire.

2. Écris un nouveau poème en remplaçant le mot « oiseaux » par le mot « foule » et le mot « ciseaux » par un des mots que tu as trouvés.
Invente la fin.

La clarinette

Lire

Nino. Bonjour, Monsieur Loyal. Ça va ?

Monsieur Loyal. Bonjour ! Bonjour ! Non, ça ne va pas !

Nino. Vous paraissez ennuyé.

Monsieur Loyal. Oui. C'est embêtant. Je dois présenter le célèbre clarinettiste Piposki et, bien sûr, il n'est pas arrivé !

Nino. Ne vous inquiétez pas ; Piposki est absent ? Ce n'est pas grave. Je peux le remplacer.

Monsieur Loyal. Vous ?

Nino. Moi... mais certainement Monsieur Loyal. Le temps d'aller changer de costume et de prendre mon instrument. Ça va ?

Monsieur Loyal. Dépêchez-vous.

Nino. Si Piposki arrive, ne le laissez pas entrer. C'est moi qui le remplace. C'est entendu ?

Monsieur Loyal. Oui, soyez tranquille ! Dépêchez-vous. Si Piposki arrive, je le mets à la porte.

(Nino sort, entre Pipo, une clarinette à la main.)

Monsieur Loyal *(de loin).* Eh là-bas ! Qui êtes-vous ?

Pipo. Je suis le célèbre Piposki.

Monsieur Loyal. Et c'est maintenant que vous arrivez ? Eh bien, mon cher, vous êtes remplacé. Vous pouvez partir.
(Monsieur Loyal s'avance et pousse Pipo.)

Pipo. Je ne peux pas jouer un morceau ? Un seul ? Un tout petit morceau ?...

Monsieur Loyal. Allez-vous en ! *(Pipo ne bouge pas.)* Allez-vous en ! *(Pipo reste immobile.)* Vous ne comprenez pas ? Je vous dis de sortir !

Nino *(apparaissant).* Pourquoi tout ce bruit ?
(Il porte un costume blanc d'été.)

Pipo *(amusé).* Tu vas te marier ?

Nino. Non ! Pourquoi ?

Pipo. Oh ! comme ça ! Je te vois tout en blanc.

Nino. Je suis ici pour te remplacer.

Pipo. Toi ? Me remplacer ! À la clarinette ?

Nino. Oui.

Pipo. Mais ce n'est pas possible !

Nino. Et pourquoi ?

Pipo. Tu ne sais pas en jouer *(appelant Monsieur Loyal).* Monsieur le Régisseur ! Il ne sait pas jouer !

Nino *(marchant sur Pipo et le menaçant pour le faire taire).* Tais-toi donc, imbécile. Je vais t'expliquer. C'est pour te rendre service que j'ai dit au régisseur que je savais jouer. Pour toucher le cachet ! On partagera, moitié-moitié ! Devant lui, je fais celui qui joue et c'est toi qui joues à ma place. Mais toi, tu vas te cacher.

pour toucher le cachet : pour gagner l'argent que rapporte le numéro.

(Il lui montre une caisse.)

Nino. Tu te caches dans cette boîte...

Pipo. Oui, d'accord ! Mais une fois dans la caisse, comment je fais pour jouer de la clarinette en même temps que toi ?

Nino. Le signal !

Pipo. Quel signal ?

Nino. Eh bien, voilà ! Lorsque tu dois jouer, je vais près de la caisse et, avec mon pied, je frappe un coup... *(Il lui montre.)* Pam ! tu comprends ?

Pipo. Oui ! Ça marche ! Mais pour arrêter la musique ?

Nino. Pour arrêter, je reviens et je frappe deux fois avec mon pied. *(Il donne un exemple.)* Pam ! Pam ! Ça marche ?

Pipo. Ça marche !

Nino *(répétant)*. Pam ! tu commences ! Pam ! Pam ! tu arrêtes. Tu as compris ?

Pipo *(secouant la tête)*. Non !

Nino. Je t'explique encore une fois. Pam ! tu commences ! Pam ! Pam ! tu finis !

Pipo. Ça y est, j'ai compris. Pam ! Pam ! je commence ! Pam ! je m'arrête.

Nino *(énervé)*. Mais non, imbécile, Pam ! un coup ! tu commences. Pam ! Pam ! deux coups, tu finis ! Allez vite, dépêche-toi. Hop ! dans la caisse Monsieur Loyal revient !

(suite page 125)

Comprendre

1. Pourquoi Monsieur Loyal est-il ennuyé ?
2. Que lui propose Nino ?
3. Comment Monsieur Loyal accueille-t-il Pipo, quand il arrive ?
4. Pourquoi Nino a-t-il dit qu'il savait jouer de la clarinette ?
5. Quelle solution Nino propose-t-il à Pipo ?

Lire

(Monsieur Loyal entre et regarde la caisse au milieu de la piste.)

Monsieur Loyal. Qu'est-ce que c'est que ça ?

Nino. C'est un étui à clarinette...

Monsieur Loyal *(surpris).* Un étui à clarinette ?

Nino. J'en ai absolument besoin.

Monsieur Loyal. Bien ! Alors, vous êtes prêt ?

Nino. Oui, Monsieur.

Monsieur Loyal *(plus fort).* Alors, si vous êtes prêt, commencez ! *(Pipo, entendant : « Commencez ! », joue dans la caisse. Nino qui n'a pas sa clarinette se précipite pour la prendre sur une chaise et s'apprête à la porter à ses lèvres. Pipo s'arrête.)*

Monsieur Loyal *(étonné).* D'où sortent ces sons ?

Nino. Quels sont ces sons ? Ce sont des sons restés coincés dans l'instrument. Avec la chaleur, ils s'évaporent. *(S'approchant de la caisse.)* Imbécile ! Idiot !

Monsieur Loyal. Vous pourriez peut-être m'interpréter un air connu comme « À la claire fontaine ».

Pipo *(passant la tête).* Je ne m'en souviens plus.

Monsieur Loyal *(croyant que c'est Nino qui a parlé).* C'est pourtant très connu.

un étui : une boîte.

ils s'évaporent : ils s'en vont de la clarinette.
interpréter : jouer.

Nino. Si, si, je connais *(très fort à la caisse).* J'ai dit « À la claire fontaine ! » *(au public).* Mesdames et Messieurs, je vais avoir le plaisir de vous interpréter « À la claire fontaine ». *(Il recule jusqu'à la caisse, frappe un coup avec son pied, et souffle dans sa clarinette. Aucun son ne sort. Etonné, le régisseur le regarde.)* « À la claire fontaine ! »

Monsieur Loyal *(impatient).* Oui ! « À la claire fontaine ! » Vous jouez, oui ou non ?

Nino. Ça va venir ! C'est long à sortir ! Il faut que je chauffe l'instrument. *(Il revient une dernière fois vers la caisse ; coléreux.)* « À la claire fontaine ! »

Pipo *(levant le couvercle).* Je commence ?

Nino *(furieux).* Oui, imbécile !

(Ils jouent ensemble pendant un moment).

Monsieur Loyal. Très bien ! Vous pouvez vous arrêter. *(Nino court en dansant vers la boîte et frappe deux coups. Pipo continue.)* Vous n'entendez pas ? J'ai dit que vous pouviez vous arrêter !

(Nino frappe deux autres coups sur la boîte.)

Pipo *(montrant la tête).* Je peux m'arrêter ?

Nino. Mais oui ! Idiot.

(Monsieur Loyal aperçoit la tête de Pipo.)

Monsieur Loyal. Ça y est, je comprends tout maintenant. Il y a quelqu'un de caché dans la caisse.

Pipo *(levant le couvercle).* Non ! Il n'y a personne !

Monsieur Loyal *(mécontent).* Vous, que faites-vous là ?

Pipo. Moi ? J'attends l'autobus.

D'après **Tristan Rémy** (XXe s.),
Entrées clownesques, L'Arche Éditeur.

Comprendre

1. Pourquoi Monsieur Loyal est-il étonné d'entendre les premiers sons ?
2. Quel morceau doit jouer Nino ?
3. Comment les deux clowns font-ils pour jouer ensemble ?
   Est-ce que leur ruse marche bien ?
4. Comment Monsieur Loyal découvre-t-il la ruse des clowns ?
5. Que penses-tu de la dernière réponse de Pipo ?

À toi de jouer

Jeux de scène

1. Qui est le célèbre Piposki ? Comment peut-il être habillé ?
2. Où se trouve Pipo lorsqu'il entre : près ou loin de Monsieur Loyal ?
3. Quand Pipo et Nino jouent de la clarinette ensemble, lequel joue vraiment ?
4. Que doit faire Nino ?

Expression orale, improvisation

Joue la scène correspondant à cette situation :

La ruse dévoilée :

l'automate

Nino présente à Monsieur Loyal un automate (ou une poupée mécanique ou un robot) qui est en réalité Pipo.
Tout marche bien au début mais ensuite Pipo ne fait pas ce qui est prévu et ses bêtises font tout rater.

Dialogues de clowns

Écris les ordres que Nino donne à Pipo et indique entre parenthèses ce que fait Pipo.

Lire... Vite... Bien... Lire...

1 Lis à haute voix.

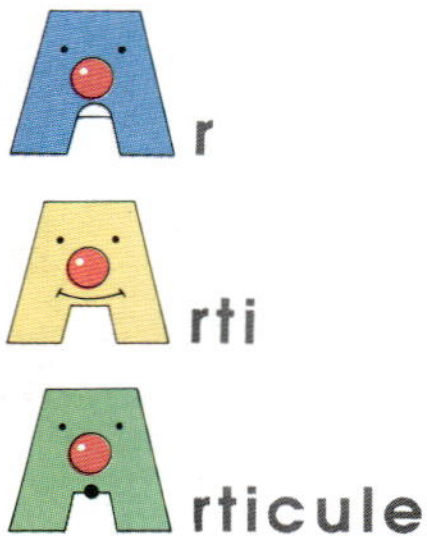

Sauterie à la corde pour enfants

J'ai tant de tourelles à mon château noir que la lune blanche n'en peut plus sortir, elle s'y embrouille, brouille, brouille, même sans brouillard, avec sa quenouille.

Un rat, deux rats, trois rats criards, en traînant leur queue, la regardent faire et bien rigolant dansent dans son clair.

J'ai trent'-six tourelles à mon château-fort, dans leurs corridors la lune se cogne, elle s'y embrouille, brouille, brouille, même sans brouillard, avec sa quenouille.

Un chat, deux chats, trois chats miauleurs, en dressant leur queue, la regardent faire et bien rigolant dansent dans son clair.

Un fou, deux fous, trois fous jongleurs, à la queue leu leu, la regardent faire et bien rigolant dansent dans son clair !

Paul Fort (XXe s.),
Ronde, Éd. Colin-Bourrelier.

2 Les phrases à compléter.

• Choisis un mot parmi les trois mots proposés chaque fois.

a. Il remit la tête sur son .... et se rendormit.
(trottoir, anneau, oreiller)

b. Il était une fois, une .... qui habitait dans un château.
(caresse, princesse, promesse)

c. L'avion s'élève, il est maintenant au-dessus des ....
(partages, laitages, nuages)

d. Josette court dans la .... à manger.
(malle, salle, balle)

e. Le lendemain, le chevalier se .... en route.
(met, court, réfléchit)

• Tu peux aussi t'amuser à faire des phrases bizarres en choisissant un autre mot.

3 Complète le texte en remettant les mots suivants à leur place :
chevalier, coup, aperçoit, près.

Tout à ....ⓐ........ , le cavalier entend des plaintes qui proviennent d'un buisson, tout ....ⓑ........ du chemin. Son cheval a fait un bond. Le ....ⓒ........ saute à terre. Il écarte les branches. Il ....ⓓ........ alors un hibou qui est pris dans un filet.

4 Complète le texte en remettant les mots suivants à leur place :
table, hier, réchauffer, humeur, dans, midi.

........ⓐ........ , c'était mercredi. À ....ⓑ........ et quart, mamant avait fait ....ⓒ........ des crêpes surgelées et cuire des haricots verts. Moi, j'avais mis la ....ⓓ........ comme d'habitude. Papa est entré ....ⓔ........ la cuisine. Il n'avait pas l'air de bonne ....ⓕ........ .

5 La chasse aux intrus.
Dans ce texte, des intrus ont pris la place des mots suivants :
sœur, poupée, gâteau, fête, bougies.

> Ce soir, à la maison, nous allons faire une grande tête pour l'anniversaire de ma petite peur.
> Nous avons préparé un magnifique bateau aux pruneaux. Il y aura cinq toupies à souffler. Maman a acheté une ravissante allée qu'elle lui offrira en cadeau.

• Remets ces mots à leur place.
• À ton tour, écris une histoire où tu as placé des mots intrus.

Écrire... Bien... Mieux.

1 Retrouve les mots qui manquent dans ce texte.

« Tous les hiboux du monde dorment le jour et vivent la nuit.
Ce soir-là, Petit-hibou se réveille en pleurant :
— Maman ....(a)........'ai rêvé que ....(b)........ 'allais à l'école tout nu !
Maman hibou dit :
— Ne ....(c)........ 'inquiète pas, regarde, ...(d)........ habits de rentrée sont là. Petit-hibou ....(e)........ frotte les les yeux. Eh oui, il a rêvé ! »

2 Écris de nouveau ce texte comme s'il y avait plusieurs petits hiboux :

« Ce soir-là, les petits hiboux se réveillent en pleurant :
— Maman, **nous** avons rêvé que **nous** allions à l'école tout nus ! .... »

Continue.

3 Tu vas transformer ce texte.

« Ça y est, (je suis malade) !
Quand je me suis réveillé ce matin, j'ai senti que (j'avais du mal à avaler). J'ai vraiment été (content). Je me suis dit : « (je vais pouvoir rester à la maison. Je n'irai pas à l'école) ».

- Imagine que tu es guéri : « Ça y est, je suis guéri ! » Réécris ce texte en changeant ce qui est à l'intérieur des parenthèses.
- Écris des textes sur le même modèle commençant par :
  « Ça y est, je suis en vacances ! »
  « Ça y est, je suis grand ! »

Écrire... Bien... Mieux

4 Écris un petit texte en complétant les phrases.

« Mercredi dernier, je suis allé à la piscine.
D'abord, ...
Puis, ...
Ensuite, ...
En sortant, ... »

5 Fais ton emploi du temps.

Complète ces phrases pour décrire une « journée bien remplie ».

« Tôt le matin, je ....
Vers 10 heures ....
À midi ....
Dans l'après-midi, ...
Avant le journal télévisé, ...
Quand j'ai éteint la lumière, ... »

6 Écris de courtes histoires.

Voici des débuts de phrases, imagine-leur une suite :

- « J'habite au 15e étage. Depuis une semaine .... »
- « Un vendredi, Ali et Antoine rentrent chez eux .... »
- « Dans la nuit, Ivan s'est réveillé .... »
- « Pim, Pam, Poum étaient trois .... »

7 Fabrique un texte-piège pour un camarade de ta classe.

« Une petite fille se promène dans une grande forêt. Elle aperçoit un oiseau perché sur une branche. Elle essaie de s'approcher de lui, mais il la voit et s'envole, effrayé ».

Pour cela, tu récris ce texte et tu introduis des intrus à la place des mots soulignés.

MAI

Le soleil aujourd'hui

Le soleil aujourd'hui,
Je me le suis donné.
J'en ai mis plein mes poches.

Eugène Guillevic,
Chansons d'Antonin Blond (extrait),
Éd. Seghers.

Été

Comme un abricot mûr
Le ciel pâli se dore.
Qui chante le premier ?
Qu'importe ! on a chanté
Et c'est un beau matin
De l'immortel été.

Cécile Périn, SGDL.

Avril près de finir...

1. Avril près de finir n'a pas besoin d'escorte.
Nous sommes accourus chanter à votre porte.
Le mois de mai va commencer,
Et nous venons vous l'annoncer,

Refrain

En chantant ce joli mois de mai,
Ses fleurs et sa rosée,
En chantant ce joli mois de mai
Qui vient et vous réveille.

2. Nous somm' venus ici tout au clair de la lune,
Une douzaine d'œufs ferait notre fortune,
Apportez-nous collation,
Sans oublier le saucisson,

Refrain

3. Fillettes qui dormez, réveillez-vous contentes,
Vous pourrez écouter vos doux amis qui chantent
Si vous voulez vous marier,
Ils voudraient bien vous épouser,

Refrain

En mai,
fais ce qu'il te plaît.

juin :
Les herbes de la Saint-Jean gardent leurs vertus tout l'an.

Trois cerises rouges

Trois cerises rouges
Tout en haut d'un cerisier
Se balancent
Se balancent...
Je n'peux pas les attraper...

Trois groseilles rouges
Pendues à leur groseillier.
Se balancent
Se balancent...
Le pinson les a gobées...

Trois petites fraises rouges
Bien cachées sous les fraisiers...
Pas de chance
Pas de chance !
L'escargot les a sucées !

Trois framboises rouges
Dressées sur leurs framboisiers
Je m'avance,
Je m'élance...
C'est moi qui les ai mangées !

E. Ayanidès,
99 poèmes, 99 contes et comptines,
Éd. du Centurion.

Reviens beau mois de mai

1. Reviens beau mois de mai,
Fais reverdir nos forêts
Et fleurir à nouveau
La violette au bord du ruisseau.
Ah ! quelle est notre impatience
De voir ces violettes s'ouvrir
Dans ta beauté nouvelle !
Quand te verrons-nous refleurir ?

2. Quand verrons-nous vraiment
Reverdir le doux printemps ?
Reviens beau mois de mai,
Pour la joie de tous les enfants.
Accroche mille violettes,
Laisse-les fleurir partout,
Ramène aussi le rossignol
Et l'appel du coucou.

Le soleil s'est levé

Canon

Le soleil s'est levé ;
Il a pris sa ronde.
Il emplit le monde
Des bienfaits de sa clarté.

Pierre Grossetête (paroles et musique),
Vacances,
Éd. du Scarabée.

JUIN

Le chat si extraordinaire

Ce conte nous vient du Vietnam. Il a été réécrit en français par Madeleine Riffaud.

Lire

un mandarin : personnage très important autrefois en Chine.

Il était une fois un mandarin qui possédait un chat et l'aimait beaucoup. Il en était si fier, il trouvait l'animal si extraordinaire qu'il décida de le nommer « Ciel ».

Or, un jour, un ami lui dit :
— Permettez-moi de vous faire remarquer qu'il est une chose plus puissante que le ciel, ce sont les nuages, puisque les nuages peuvent cacher le ciel.
— Vous avez raison, répondit le mandarin. Et je vous remercie. Je vais désormais baptiser mon chat si extraordinaire du nom de « Nuage ».

baptiser : appeler.

À quelque temps de là, un autre mandarin prenait le thé à la maison.
— Comment ? s'écria-t-il, vous appelez « Nuage » cet animal si extraordinaire ? Mais il est une chose bien plus forte que les nuages : c'est le vent qui les chasse devant lui.
Dès lors, son maître nomma « Vent » le chat dont il était si orgueilleux.

orgueilleux : fier.

Une semaine ne s'était pas écoulée que le maire de la ville, invité chez le mandarin, aperçut le chat si extraordinaire.
— « Vent », dit-il, me paraît un nom bien indigne des mérites de cet animal préféré. Le vent trouve facilement son maître. C'est le mur qui peut l'arrêter.

un nom bien indigne des mérites du chat : un nom qui n'est pas assez beau pour le chat.

— En effet, répondit le propriétaire du chat. Désormais, mon animal mieux-aimé s'appellera « Mur ».

Un peu plus tard, un étudiant qui travaillait chez le mandarin fit remarquer respectueusement au seigneur qu'il est un être capable de vaincre le mur : la souris qui y perce son trou.
— C'est vrai, reconnut le mandarin. Je vais donc appeler ce chat si extraordinaire « Souris ».

Alors vint à passer le petit garçon du jardinier.
— « Souris » ! s'écria-t-il en riant. Mais il y a quelqu'un de bien plus puissant que la souris, c'est le chat qui l'attrape et la mange !
Monsieur le mandarin comprit sa vanité.
Désormais, il appela cet animal dont il était si fier du plus beau nom qu'on pût lui décerner : « Chat ».

vanité : fierté.

décerner : donner.

Madeleine Riffaud (XXe s.),
Le chat si extraordinaire, Éd. La Farandole.

Comprendre

1. Pourquoi le mandarin veut-il appeler son chat : « Ciel » ?
2. Il décide ensuite de l'appeler « Nuage ». Pourquoi ?
3. Quels sont les autres noms qu'il lui donne ?
4. Pourquoi est-ce amusant que le mandarin appelle son chat « Souris » ?
5. Pourquoi le mandarin change-t-il chaque fois le nom de son chat ?

À toi de jouer

1. Certains mots ou groupes de mots t'indiquent quels sont les différents moments de l'histoire.
   - Où sont-ils placés dans le texte ?
   - Retrouve-les et recopie-les.
2. Cherche d'autres expressions que l'on pourrait écrire à la place de celles que tu viens de trouver.

   Par exemple à quelque temps de là : plus tard,
   désormais : depuis ce jour-là

Invente un autre conte

- Choisis un animal.
- Trouve différents noms que tu pourrais donner à cet animal.
  Tous ces noms doivent avoir un rapport entre eux.
  Par exemple : noisette, écureuil, renard, chasseur...
- Tu peux utiliser les mots que tu as recopiés à l'**exercice 1** pour écrire un autre conte :

  « Il était une fois ....
  Or, un jour .... »

Un programme de télévision :

LES SOIRÉES D'UN COUP D'ŒIL

Du 22 au 25 décembre

	SAMEDI 22 décembre	DIMANCHE 23 décembre	LUNDI 24 décembre	MARDI 25 décembre
TF1	20.45 *VARIÉTÉS* Succès Fou 22.25	20.40 *CINÉMA* Bons Baisers de Hong Kong 22.20 ★★	20.45 *THÉÂTRE* Ma cousine de Varsovie 22.20 ★	20.40 *VARIÉTÉS* Disney Noël 22.30
A2	20.40 *TÉLÉSUITE* Les cavaliers aux yeux verts 22.25 ★★★	20.40 *SÉRIE* Le Gorille sans cravate 22.25 ★★	20.40 *CINÉMA* On a volé la cuisse de Jupiter 22.25 ★★	20.40 *CINÉMA* Les Vikings 22.45 ★★★
FR3	21.00 *TÉLÉFILM* Sésame, ouvre-toi 22.30 ★★	20.40 *VARIÉTÉS* La classe croit au Père Noël 22.15	20.40 *CINÉMA* Greystoke, la légende de Tarzan 22.50 ★★★	20.40 *CINÉMA* Cendrillon 22.10 ★★★
C+	20.30 *TÉLÉFILM* La vengeance de l'héritière 22.00	20.40 *CINÉMA* Stand by me 22.05 ★★★	20.30 *CINÉMA* Willow 22.30 ★★★	20.30 *CINÉMA* Cinéma Paradiso 22.25 ★★★
LA 5	20.40 *TÉLÉFILM* Le cascadeur électrique 22.00 ★★	20.40 *CINÉMA* Les Dix Commandements 0.30 ★★★	20.40 *TÉLÉFILM* Un vrai petit ange 22.30 ★★	20.40 *CINÉMA* Les Goonies 22.40 ★★★
M6	20.35 *TÉLÉSUITE* À nous deux Manhattan 23.35 ★★	20.35 *TÉLÉFILM* Je serai à la maison pour Noël 22.15 ★	20.35 *TÉLÉFILM* Le Père Noël existe, les anges aussi 22.15	20.35 *TÉLÉFILM* Le chemin du bonheur 22.10 ★★

Lire et observer

Voici les différents types d'émissions que tu peux trouver sur cette page de programme. Tu peux également les voir à la télévision.

Variétés : Émissions avec des chanteurs et des artistes qui présentent différents numéros.

Cinéma : Certains films passent à la télévision mais on peut aussi les voir dans une salle de cinéma.

Téléfilm : Film qui a été tourné spécialement pour la télévision.

Télésuite : Histoire à suivre, en plusieurs épisodes (d'habitude, on parle de « feuilleton »).

Par exemple :
Dallas,
Santa Barbara...

Série : On y retrouve les mêmes personnages, dans une histoire différente chaque fois.

Par exemple :
Ma sorcière bien aimée,
Colombo,
Starsky et Hutch...

Le nombre d'étoiles indique la préférence des journalistes.

Comprendre

1. Sur quelle chaîne pouvait-on regarder des variétés le samedi 22 décembre ? Quel était le titre de l'émission ?
2. Combien de films (cinéma) étaient proposés le dimanche ? Quels sont ceux que les journalistes ont préférés ?
3. Quel est le téléfilm qui commençait le plus tôt lundi soir ?
4. Quel est le programme qui se terminait le plus tard mardi soir ?
5. Quelle est la chaîne qui a proposé le plus de téléfilms en quatre jours ?

À toi de jouer

Organise des informations

- Reproduis ce tableau (avec du papier calque si tu veux) en indiquant les premiers jours de la semaine et le nom des chaînes.
- Cherche un magazine de télévision et remplis ton tableau avec les programmes correspondants.
- Indique s'il s'agit de films, de variétés, de théâtre, de sport...
- Marque l'heure du début et l'heure de la fin du programme.

L'inquiétante salle d'attente

Lire

On a remis au plus tard possible le moment d'aller chez le dentiste. Mais un jour il a bien fallu se décider. Maman a pris le téléphone et, en deux minutes, le dentiste et elle étaient tombés d'accord pour me torturer, vendredi, à quatre heures, au dispensaire.

Quand nous sommes arrivés, la salle d'attente était pleine. Certains enfants étaient accompagnés de leurs parents. L'un avait le nez bouché, l'autre avait un torticolis, celle assise à côté de moi se tenait un mouchoir sur l'œil. La dame du secrétariat est venue prendre le nom des deux « urgences ». Alors, j'ai commencé à avoir la gorge serrée.

un dispensaire : endroit où l'on soigne les malades.

les urgences : les malades qui ont besoin d'être soignés rapidement.

avoir la gorge serrée : avoir peur.

Sur la droite, la porte bleue affichait en lettres rouges : « CONSULTATION ». On a entendu un bruit de pas dans le couloir, la poignée a tourné, et j'ai vite baissé les yeux. J'ai vu devant moi deux grosses jambes dépasser d'une blouse blanche. Le docteur devait être drôlement gros !

— L'enfant Lemoine !

Ouf ! Ce n'était pas moi.

J'ai relevé les yeux et, et... le docteur avait une tête d'éléphant !

Le garçon au nez bouché est passé devant moi en reniflant. Et ils ont disparu derrière la porte. Je me suis tourné vers maman qui lisait son magazine, et je lui ai dit :

— Hé ! maman ! Tu as vu le docteur ?

— Oui, et alors ?

— Il a une tête d'éléphant !

Maman a levé les yeux et m'a regardé sévèrement :

— Éric, sois poli, s'il te plaît !

Et elle s'est replongée aussi sec dans son magazine.

J'ai regardé autour de moi pour voir si quelqu'un avait l'air étonné. Pas du tout.

(suite page 142)

Comprendre

1. Qui raconte cette histoire ?
   Comment s'appelle-t-il ?
2. Où doit-il aller ?
   Pourquoi utilise-t-il le verbe « torturer » ? (ligne 4)
3. Pourquoi les autres enfants sont-ils là ?
4. Que répond la mère à son fils ? (ligne 31)
5. Penses-tu que le médecin a vraiment une tête d'éléphant ?
   Pourquoi ?

Lire

Alors j'ai entendu de nouveau un pas dans le couloir. La poignée a bougé. J'ai foncé tête baissée dans mon livre. Mais j'ai vu malgré moi deux longues jambes très fines sur des chaussures bizarres.

— L'enfant Godurot !

J'ai levé la tête, et j'ai failli tomber de mon siège : le docteur avait une tête de girafe ! Le garçon au torticolis s'est levé, et son papa est passé devant moi. Il regardait le docteur en souriant et lui a dit bonjour.

Puis ils ont refermé la porte. À nouveau, j'ai regardé dans la salle en espérant qu'une personne allait me faire un clin d'œil. Mais non. J'ai tiré la manche de maman, et j'ai chuchoté :

— Maman !

Elle n'a même pas levé les yeux de son journal :

— Quoi, encore ?

— Tu as vu le docteur ? Il avait une tête de girafe !

Maman m'a dit :

— Arrête de faire l'idiot, tu veux bien ?

Je me suis enfoncé dans mon siège en jurant que je ne dirais plus rien.

Quand la porte s'est ouverte une nouvelle fois, j'ai regardé en serrant les mâchoires le docteur qui venait chercher la petite fille avec le mouchoir sur l'œil. Il avait une tête de chouette !

Soudain, j'ai entendu mon nom :

— L'enfant Rachinet !

Maman m'a poussé devant elle. J'ai écarté sa main : il fallait que j'aie du courage ! Je me suis levé, et j'ai serré la main du dentiste, sans le regarder : il avait sûrement la tête d'un crocodile... J'ai eu le temps d'entendre :

— Qu'est-ce que tu as ? Tu es tout pâle !

Et puis je me suis évanoui.

Quand je suis revenu à moi, j'ai vu, à deux centimètres de mon visage, deux yeux bleus tout plissés de rire et une grande mèche blonde : c'était le dentiste. Il m'a dit :

— Eh bien, mon garçon, c'est la première fois que je fais un tel effet, rien qu'en serrant une main ! Allez, tu vas voir, tu ne vas rien sentir du tout.

C'est vrai ! Je suis ressorti une demi-heure plus tard en souriant. Mais j'étais encore si ému que j'ai dit au dentiste en partant :
— Au revoir, monsieur le Crocodile !
Et il me semble, oui, il me semble bien que sa mâchoire, à ce moment-là avait deux cent trente-deux dents...

Solange Firmin (XXe s.),
Les meilleurs contes d'Astrapi,
Éd. Centurion.

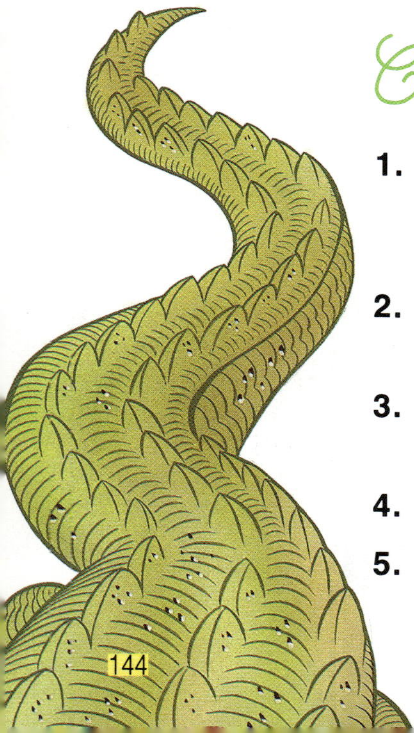

Comprendre

1. À quel animal ressemble le médecin qui soigne le torticolis ?
Pourquoi, à ton avis ?
2. Pourquoi le médecin qui soigne les yeux de la petite fille a-t-il une tête de chouette ?
3. Pourquoi Éric imagine-t-il que le dentiste est un crocodile ?
4. Que se passe-t-il quand le dentiste arrive ?
5. Éric a-t-il eu mal ?
À quoi vois-tu qu'il est encore ému ?

À toi de jouer

Invente d'autres personnages

- Imagine quels autres docteurs Éric pourrait voir arriver dans cette salle d'attente : celui qui soigne les oreilles, celui qui soigne le dos...

  À quel animal peuvent-ils ressembler ?

- Décris-les comme Éric :

  « J'ai vu devant moi des jambes ....
  J'ai levé la tête et j'ai failli tomber : le docteur avait une tête de .... ».

Écris un dialogue

- Écris un dialogue entre Éric et sa mère :
  Tu peux utiliser le modèle du texte (ligne 46 à ligne 55) :

  Éric vient de voir le docteur à tête de chouette.
  « J'ai tiré la manche de maman et j'ai chuchoté :
  — Maman !
  — .... »

Raconte d'autres histoires

- Imagine, comme dans un rêve, que ton maître ou ta maîtresse se transforme.
  Raconte ce qui se passe.

- As-tu déjà eu peur comme Éric ? Quand ? Pourquoi ?
  Écris une courte histoire où tu racontes cette peur.

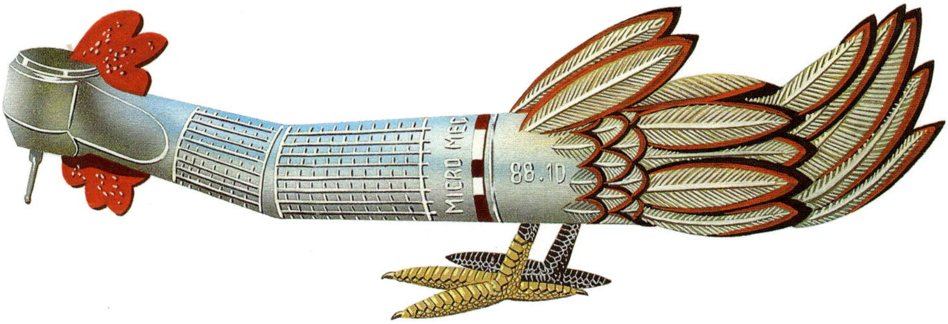

Quand le texte complète l'image

Vincent Van Gogh
est un peintre célèbre
qui a vécu de 1853 à 1890.

Vincent Van Gogh
« Terrasse de café le soir, Place du Forum, Arles »,
Arles 1988.
Collection State Museum.
Kröller-Muller, Otterlo,
The Nederlands.

Van Gogh parle de son tableau

« Un café, le soir, vu de l'extérieur...
un énorme lampadaire jaune éclaire
la terrasse, la façade de la maison,
le trottoir et projette même sa lumière
sur le pavé de la rue
qui prend une coloration rose violet.
Les façades des maisons...
sous le ciel étoilé et bleuté,
sont bleu foncé ou violet,
devant se dresse un arbre vert...
la place éclairée devient
jaune soufre pâle et vert citron ».

Vincent Van Gogh.

Barcarolle dans la ville

Écoute, écoute, la nuit claire
glisse derrière les rideaux...
C'est la très fine et tiède nuit
de caramel, de violette
autour des lampadaires d'or.

...

Regarde là-haut
Une lampe orange qui nage
et qui songe au creux de la nuit...

Pierre Gamara,
La nouvelle guirlande de Julie, Éd. Ouvrières.

Vincent Van Gogh « *Champ de blé aux corbeaux* », Anvers, 1890.
Fondation Vincent Van Gogh. Musée Vincent Van Gogh, Amsterdam.

Comprendre

« Café la nuit »

1. Décris ce tableau : quels sont les personnages, où sont-ils, quelle heure peut-il être ? ...
2. D'où vient la lumière dans ce tableau ?
3. Comment est représenté le ciel ?
4. Quelles sont les couleurs que le peintre a le plus utilisées ? Indique où tu les trouves.
5. Lis le texte de Pierre Gamara. Quelles couleurs utilise-t-il pour parler de la nuit ?

À toi de jouer

« Champ de blé aux corbeaux »

1. Observe ce tableau et cherche le plus possible de noms, de verbes et d'adjectifs qui peuvent t'aider à le décrire.
2. Imagine ce que Van Gogh aurait pu dire sur ce tableau, et écris-le en quelques phrases.
3. Recherche des poèmes ou des textes qui pourraient se rapporter à ce tableau.
   Par exemple : sur l'été, la campagne, le soleil, les couleurs, les oiseaux...

   Relis par exemple la poésie des séquences 1 et 2 (pages 26, 28 et 56, 58).

Des mots pour décrire autrement

Lire

Le ruisseau coule

Le ruisseau coule
Dans la terre fraîche.

Il sait
Comme les pierres sont dures,
Il connaît le goût
De la terre.

Guillevic Terraqué (XXe s.),
Poésie/Gallimard.

À travers nuits

Où va l'oiseau
À tire d'ailes
À travers nuits
À travers ciel ? ...
Il va te chercher
Le soleil.

Daniel Thébon (XXe s.),
Pierre qui mousse
Ruy-Vidal/Éd. Universitaire.

Si un jour tu vois
Qu'une pierre te sourit,

Iras-tu le dire ?

Guillevic Terraqué (XXe s.),
Poésie/Gallimard.

Les ardoises du toit

Sur chaque ardoise
qui glissait du toit
on
avait écrit
un poème
La gouttière est bordée de diamants
les oiseaux les boivent.

Pierre Reverdy (XXe s.),
Les ardoises du ciel, Éd. Flammarion.

Dit la mer

« Fleuves
Rivières
Torrents
Cascades
Ruisseaux
Allons !
Venez !
Venez ?
Mes enfants »
Dit la mer.

Daniel Thébon (XXe s.),
Pierre qui mousse
Ruy-Vidal/Éd. Universitaire.

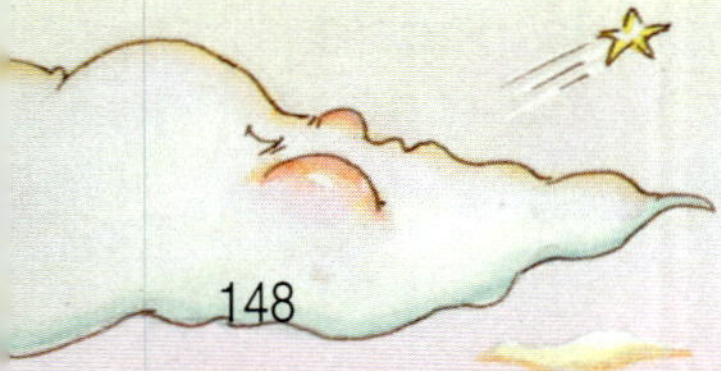

Pour ton information

Le poète peut décider que le ruisseau ou la pierre ou la mer sont vivants, comme nous ! Pour le poète, tout vit !

Comprendre

« Dit la mer »

1. Combien de syllabes ont presque tous les vers de ce poème ?
2. Pourquoi la mer dit-elle que tous les cours d'eau sont ses enfants ?

« Le ruisseau coule... »

1. Retrouve les verbes que le poète utilise en parlant du ruisseau. Lequel a-t-on l'habitude d'utiliser pour l'eau ? Lesquels sont surprenants ?
2. Pourquoi penses-tu que Guillevic (l'auteur) utilise ces verbes ?

À toi de jouer

Comme dans « Dit la mer »

- Fais la liste de tout ce qui pourrait être « les enfants du ciel ».
- Dans les mots que tu as trouvés, choisis ceux de deux ou trois syllabes.
- Écris toi aussi un poème, avec tes mots, qui se terminerait par :

  « ....
  Mes enfants »
  dit le ciel.
- Tu peux écrire d'autres poèmes sur les enfants de la terre, de la nuit, du feu...

Comme dans « Le ruisseau coule »

- Cherche ce que peut connaître le nuage.
- Écris toi aussi un poème.

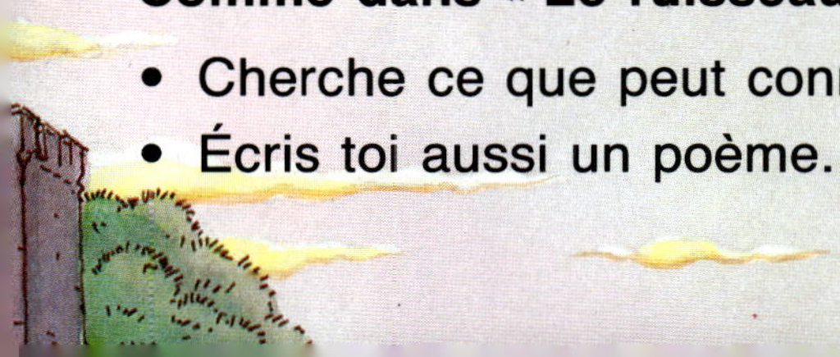

ENTRÉE DES CLOWNS

La soupe aux pois

Lire

Nino *(Il entre d'un pas rapide.)* Pipo ! Bien sûr, comme chaque jour, il est en retard !

Pipo *(entrant à son tour).* Voilà ! Tu t'impatientes ! Mais je suis là.

Nino. Tu ne peux pas arriver à l'heure, n'est-ce pas ? Voilà plus d'un quart d'heure que je t'attends.

Pipo. Mais j'étais à côté.

Nino. Écoute. Nous n'avons pas de temps à perdre. Nous allons déjeuner ici. Ça va ?

Pipo. Oh ! si tu veux.

Nino. Eh bien, occupe-toi du couvert. *(Pipo met le couvert.)* Pourquoi trois couverts ? Nous ne sommes que deux.

Pipo. Non. Aujourd'hui, nous sommes trois !

Nino. Comment, trois ? Toi et moi, ça fait bien deux !

Pipo *(essayant de se faire pardonner).* J'ai oublié de te prévenir. J'ai invité Monsieur Loyal à déjeuner avec nous.

Nino *(étonné).* Tu as invité Monsieur Loyal à déjeuner avec nous ? Mais pourquoi ?

Pipo *(ennuyé).* Je vais t'expliquer. J'ai rencontré Monsieur Loyal cet après-midi. Je lui ai dit que tu étais un cuisinier épatant. Comme tu devais préparer un ragoût de mouton, je l'ai invité à venir manger avec nous.

Nino. Mais, malheureux, c'est impossible ! Tu as dit à Monsieur Loyal que j'allais préparer un ragoût de mouton ? Mais tu es fou ! Tu sais bien qu'on ne trouve de viande nulle part. Aujourd'hui, les boucheries sont fermées ! Nous n'avons qu'un reste de soupe aux pois. D'hier. C'est ridicule, ce que tu as fait. On n'invite pas quelqu'un quand on n'a rien à lui donner à manger. Comment faire un ragoût de mouton ?

Pipo. Va au marché !

Nino. C'est impossible ! Il n'y a de mouton nulle part. *(Il va et vient.)* Qu'est-ce qu'on peut faire ?

Pipo. Je vais lui dire qu'il ne vienne pas.

Nino. Mais non ! Ce n'est pas correct. Il croira que je ne veux pas le recevoir. On ne fait pas ça à un ami. *(Il réfléchit.)* Écoute, j'ai une idée. Nous n'avons que de la soupe aux pois. Nous allons attendre Monsieur Loyal. Quand nous nous mettrons à table, je te dirai d'aller chercher le ragoût de mouton dans la cuisine. Tu feras semblant de le surveiller pour qu'il cuise bien. Tu remueras une casserole et tu la flanqueras par terre. Alors, tu viendras précipitamment annoncer...

Pipo *(satisfait).* ... que j'ai renversé le ragot de montou.

Nino *(nerveux).* Non ! Le ragoût de mouton.

Pipo. Le rognon de matou... de mouton.

Nino *(insistant).* Tu as compris ? Tu t'en sortiras ?

Pipo. Oh, bien sûr. Je cours dans la cuisine. Je remue les casseroles. Je reviens. Et je dis : « J'ai renversé le raton de magot ! »

Nino. Non, le ragoût de mouton ... Il faut que tu aies l'air désespéré. Tu cries comme un fou. Je fais ton rôle : « Ah, quel malheur ! Quelle catastrophe ! C'est épouvantable ! » Et moi, je te demande : « Qu'est-ce qui est arrivé ? » Tu réponds : « J'ai renversé le ragoût de mouton. Il n'y a plus que de la soupe aux pois à manger ! »
Fais voir comment tu feras.

Pipo *(mimant).* Tu me dis : « Va chercher le rognon de matou. » Je vais à la cuisine. *(Pipo sort. On entend un faible bruit. Il reparaît.)* Ça va ?

Nino. Non, ce n'est pas assez fort. Il faut remuer les casseroles. Tu fais un bruit.

Pipo. Bon, je recommence. Tu me dis...

Nino. Oui, va à la cuisine.

Pipo *(On entend un bruit plus fort. Pipo reparaît.)* Ça va ?

Nino. Oui, tu commences à comprendre. Alors, je te dis : « Qu'est-ce qui t'arrive ? » Et tu me réponds : « J'ai renversé le ragoût de mouton. Il n'y a plus que ... »

Pipo *(l'arrêtant).* Attends. Je recommence. J'ai peur de me tromper.

Nino. Ah oui ! Ça va être beau ! Justement, tiens, on frappe. C'est Monsieur Loyal. Va le chercher.

(suite p. 153)

Comprendre

1. Pourquoi Nino s'impatiente-t-il ?
2. Pourquoi Pipo place-t-il trois couverts ?
3. Nino ne peut pas préparer de ragoût de mouton. Pourquoi ?
4. Que décident les clowns avant l'arrivée de Monsieur Loyal ?
5. Pourquoi Nino est-il nerveux ?

Lire

(Monsieur Loyal, invité à déjeuner par Pipo, fait son entrée.)

Monsieur Loyal *(d'un air très satisfait, à Nino).* Ah, mon cher ami, quel plaisir de vous revoir ! Quelle joie de me trouver avec vous ! Presque en famille ! Quel bonheur que Pipo ait eu l'idée de m'inviter ! *(Il aperçoit Pipo.)* Bonsoir Pipo !

Pipo *(troublé).* Bonsoir, Monsieur Ragoût de mouton... Pardon, Monsieur Loy... Loyal !

Nino. Oh, vraiment, Monsieur Loyal, vous êtes trop gentil !

Monsieur Loyal. Mais non c'est vous qui êtes très aimable de me recevoir. Je sais de quoi vous êtes capable. J'ai appris par Pipo que vous faites très bien le ragoût de mouton.

Nino. Mettons-nous à table, Monsieur Loyal. *(À Pipo).* Et toi, tu as bien compris, hein ! *(À Monsieur Loyal).* On vous reçoit très simplement.

les coulisses : partie du théâtre qui se trouve derrière la scène.

Monsieur Loyal. Mais je le pense bien. En toute simplicité. C'est ainsi qu'on reçoit les vrais amis. Je crois que je vais me régaler.

Nino. Pipo, va chercher le ragoût de mouton !

Pipo. Mais tu sais bien qu'il n'y en a pas !

(Il enlève les couverts.)

Nino. Qu'est-ce que tu fais ?

Pipo. J'enlève les couteaux et les fourchettes. Il n'y en a pas besoin puisqu'il n'y a que de la soupe !

Nino. Malheureux ! Veux-tu les remettre à leur place ! Va chercher le ragoût de mouton !

Pipo. Oui, ça y est ! J'ai compris. Je fais un bruit de casserole et... *(Il sort. On entend dans les coulisses un bruit de vaisselle. Pipo réapparaît.)* Ça va comme ça ? Assez fort, ou pas assez fort ?

Nino *(lui faisant des grands signes).* Apporte le ragoût de mouton !

Monsieur Loyal *(à Nino).* Votre invitation me fait grand plaisir. Du ragoût de mouton ! Mon plat préféré ! *(On entend un énorme bruit).* J'étais tellement certain de me régaler que je n'ai pas déjeuné à midi.

Pipo *(réapparaissant, les bras au ciel).* Il vient d'arriver un malheur ! *(À Nino.)* C'est bien, comme ça ?

Nino. Oui, très bien ! Continue !

Monsieur Loyal *(intéressé).* C'est sérieux ?

Pipo. C'est épouvantable ! Formidable ! *(Il se gratte la tête.)* C'est pire qu'une guerre ! C'est un tremblement de terre !

Nino. Qu'est-ce qu'il y a Pipo ? Tu as renversé le ragoût de mouton ?

Pipo *(complètement désespéré).* C'est pire que ça ! *(Un temps.)* J'ai renversé la soupe aux pois !

D'après **Tristan Rémy** (XXe s.),
Entrées clownesques, L'Arche Éditeur, Paris.

Comprendre

1. Comment Pipo dit-il bonjour à Monsieur Loyal ?
2. Pourquoi le régisseur est-il de bonne humeur ?
3. Pourquoi Pipo enlève-t-il les fourchettes et les couteaux ?
4. Qu'entend-on dans la cuisine ?
5. Quelle bêtise Pipo fait-il à la fin de la scène ?
6. Comment va se passer le repas, à ton avis ?

À toi de jouer

Jeux de scène

1. Quels objets seront utiles pour jouer cette scène ?
2. Où vas-tu placer la cuisine ? Que doit-il se passer dans la cuisine ? Que doit faire Pipo ?
3. Quel passage trouves-tu le plus drôle ? Pourquoi ?

Expression orale, improvisation

Joue la scène correspondant à cette situation.

Un nouvel accident :

le miroir cassé

> Pipo vient de casser une grande glace. Monsieur Loyal va arriver pour finir de s'habiller. Nino propose à Pipo de se placer derrière le cadre du miroir et de mimer tous les gestes de Monsieur Loyal. Celui-ci a compris la situation et jette un seau d'eau pour la nettoyer.

Dialogues de clowns

Dans la scène de la soupe aux pois, Pipo déforme encore les mots.

Ragoût de mouton devient : ragot de montou, rognon de matou, raton de magot.

Imagine de petits dialogues entre Nino et Pipo, où Pipo va déformer les mots suivants : salade de tomates, carafe d'eau, moulin à café, papillon de nuit.

Lire... Vite... Bien... Lire...

1 Lis à haute voix.

Ar

Arti

Articule

Ixatnu siofnnut i avay

Y avait une fois un taxi
taxi taxi taximètre
qui circulait dans Paris
taxi taxi taxi cuit

il aimait tant les voyages
taxi taxi taximètre
qu'il allait jusqu'en Hongrie
taxi taxi taxi cuit

et qu'il traversait la Manche
taxi taxi taximètre
en empruntant le ferry
taxi taxi taxi cuit

un beau jour il arriva
taxi taxi taximètre
dans les déserts d'Arabie
taxi taxi taxi cuit

il y faisait tellement chaud
taxi taxi taximètre
que sa carrosserie fondit
taxi taxi taxi cuit [...]

chauffeurs chauffeurs de taxi
taxi taxi taximètre
écoutez cette morale
taxi taxi taxi cuit

lorsque vous quittez Paris
taxi taxi taximètre
emportez un parapluie
taxi taxi taxi cuit

parapluie ou bien ombrelle
taxi taxi taximètre
un mot est bien vite dit
taxi taxi taxi cuit

Raymond Queneau (XXe s.),
Courir les rues, Éd. Gallimard.

Vite... Bien... Lire... Vite...

2 Une façon originale de lire et d'écrire.

Lis attentivement ce texte. Pars du centre de la fleur, lis les pétales en partant de la gauche et descend vers le bas de la tige.

a. Que veut faire cette fleur ?

b. Que lui arrive-t-il ?

c. Recopie normalement ce texte et fais un dessin pour l'illustrer.

au détriment
de sa
corolle
de
ses feuilles
tige
sur sa
et de son
elle se haussait
une
fleur
teint
j'irai
le soleil
dans le soleil
atteindre
voulait
se répétait
la fleur
jusqu'au jour où le vent lui fit
perdre la tête

Calligramme de **Madeleine Le Floch** (XXe s.),
Petits contes verts pour le printemps et pour l'hiver,
Éd. Saint-Germain-des-Prés.

Lire... Vite... Bien... Lire...

3 Lis ce texte en suivant les flèches et en commençant par la flèche verte.
Recopie-le comme une poésie normale en faisant attention aux rimes.

comme il
entrouvrait son cahier il vit
la lune s'emparer de son porte-plume.
de crainte de la déranger,
il n'osa pas même
allumer...

l e c a h i e r

Extrait du poème « Le cahier » de **Maurice Carême**
in « *L'envers du miroir* »,
Éd. F. Nathan.

4 Lis attentivement et tu trouveras la solution de ces devinettes.

A

Ma maison sur mon dos
J'avance lentement
Les cornes en avant
Je suis un ...
(escabeau - escargot - matelot)

B

Je suis un porte-feuilles
Que le vent souvent cueille
Je plais aux écureuils
Que gentiment j'accueille
Je suis un ...
(robot - réveil - arbre)

C

Je garde les souvenirs
Quand sort le petit oiseau
Je ne peux pas vieillir
Je suis une ...
(moto - photo - auto)

Écrire... Bien... Mieux...

1 Recopie cette comptine en vers. Retourne à la ligne quand il le faut.

Bonjour madame, quelle heure est-il ? Il est midi. Qui vous l'a dit ? La petite souris. Où est-elle ? Dans la chapelle. Que fait-elle ? De la dentelle. Pour qui ? Pour les dames de Paris.

2 Écris des devinettes.

Observe ces devinettes :

J'habite dans une trousse
Je répare les erreurs
Je prends toutes les formes
Je suis une gomme

Je suis rouge
Je suis sucrée
Je suis savoureuse
Je suis une fraise

Sur ce modèle, écris des devinettes pour un camarade de classe.

Tu peux choisir des métiers (boulanger, infirmière...), des objets (ordinateur, vase...) des fruits, des fleurs...

3 Écris d'autres devinettes sur le modèle de l'**exercice 2**.

4 Trouve.

On fait des phrases avec mon 1er.
Mon 2nd est le contraire de tard.
Mon tout a 2 roues, mais va plus vite qu'un vélo.

5 Ecris des charades.

Par exemple, si tu veux faire deviner le mot « pharmacie » :

a. Découpe le mot en syllabes :
Par exemple : phar → phare ou fard
ma → mât ou ma
cie → scie ou si

b. Fais une phrase pour faire deviner chaque syllabe :
Par exemple : mon 3e est une note de musique
ou mon 3e sert à couper le bois

c. Donne une définition pour aider à trouver la solution :
Par exemple : mon tout est l'endroit où on achète des médicaments.

À ton tour, écris des charades pour tes camarades de classe.

Table des illustrations

Les illustrations des pages 16 à 19 ont été réalisées par Claude Delamarre.

Impression et reliure : Pollina s.a., 85400 Luçon - n° 14361
Dépôt légal n° 8744 - janvier 1992